아흔아홉 편 시 묶음 잇기 02

할단(鶡鴠)새

아흔아홉 편 시 묶음 잇기 02
할단(鶡鴠)새

1판 1쇄 인쇄 2010년 10월 30일
1판 1쇄 발행 2010년 11월 10일

지은이 김용범

편집위원 정현기
펴낸이 서채윤
펴낸곳 채륜
표지·본문디자인 Design窓(66605700@hanmail.net)

등록 2007년 6월 25일(제25100-2007-000025호)
주소 서울 광진구 군자동 229
대표전화 02-6080-8778 | 팩스 02-6080-0707
E-mail chaeryunbook@naver.com
Homepage www.chaeryun.com

책값은 뒤표지에 있습니다.
ISBN 978-89-93799-19-4 04810
ISBN 978-89-93799-17-0(세트)

아흔아홉 편 시 묶음 잇기 02

할단(鶡鴠)새

김용범

채륜
CHAE RYUN

아흔아홉 편 시 묶음 잇기

사람들은 자기가 살고 있는 이 땅 어디 진짜 갈 곳이 있는 것처럼 살고 있다. 하지만 막상 무턱대고 태어나 하루하루를 살면서, 자기가 가는 곳이 어딘지를 묻고 또 묻지만, 그가 갈 곳이 어딘지를 아는 사람은 없어 보인다. 서양이다 사막이다 어디다 이리 뛰고 저리 뛰면서 갈 곳을 찾아보지만 다 거기는 거기 여기는 여기일 뿐이다. 막막하고 아득한 이런 삶의 발걸음을 깨달아 아는 사람들은 차츰 이런 자기 발걸음질을 글로 쓴다. 예나 이제나 우리는, 짧게 쓴 글을 시라 이르고 시절노래 또는 춤 노랫말 매기기로 일러, 열심히 뭔가를 남긴다. 어디로 그렇게 바쁘게들 가고 있는지? 농부는 눈이 떠지기 무섭게 들판으로 가 자라는 곡식에게 흙을 덮거나 풀을 뽑고, 북돋우고 열매를 거두어들이고, 장사하는 이는 이익이 많이 남는 물건을 만들어 남들에게 잘 팔 궁리에 머리를 쓴다. 돌도 지나지 않은 어린 아이들, 그들은 눈에 띄는 물건마다 손으로 만져보고 입으로 가져가 맛을 보며 어디든지 나가자고, 또 새로운 뭔가가 없는지 끙끙대면서 끊임없이 어른들을 조르고 보챈다. 하지만 아무리 둘러보아도 막상 어른조차도 어린 아이에게 쥐어줄 새로운 어떤 것은 별로 없다. 어찌 아이들뿐이랴? 모든 사람들이 그렇게 밤새워 머리를 한 곳에 모아 생각하고 외우고 쓰면서 사는 옆을 둘러보아도 새로운 뭔가는 별로 없다. 시 쓰기로 마음먹는 사람들이 겪는 외로움이다. 시인은 천성적으로 외롭다. 아니 어쩌면 그렇게 아예 처음부터 점 찍혀 외롭도록 태어난 이들이 시인인지도 모르겠다. 하긴 시인들만 외로울 것인가? 사는 이 모두 다 외로운 이들이지! 이런 외로운 이들이 남긴 글들을 모아 우리는 '아흔아홉 편 시 묶음 잇기'라는 퍽 젠 체하는 말투의 시집들을 낼 생각이다.

하필 왜 아흔아홉 편 시 묶음이냐? 백 편이나 오십 편도 있고 사십 편도 있는데 하필 아흔아홉 편이냐? 가득 찬 숫자는 늘 버거운 법이다. 마지막 한 편의 시를 가지고 승부를 내겠다는 그런 다짐의 뜻이 이 시 묶음 잇기에는 담겨 있다. 그리고 이런 잇기 시 묶음 가운데는 이미 이름이 드높아 꽤나 알려진, 이름으로 값을 지닌 분들의 시 묶음도 있을 터이지만, 아직 아무도 모르는 신출내기 시인들도 있을 터이다. 하기는 아무리 이름이 높다 하되 그거 다 하늘 아래 이름이 아닐 것인가? 그들도 늘 외롭기는 마찬가지일 터! 단 한 편의 시가 100년 뒤에 남아 사람들에게 아른댄다면 그럴 듯도 해 보이지만, 설령 아무도 그걸 알아주지 못한다한들 그게 다 무슨 허물이겠는가? 우리는 이런 막막한 앞날을 향해 해바라기 눈 길처럼 갈 길을 떠난다. 사탕발림이 된 길에는 언제 누가 그렇게 알렸는지도 모른 채 개미들이 행렬을 지어 모인다. 사탕발림이 어떻게 깊고도 설운 삶의 외로운 우물 속까지 이어져, 누군가 깊은 우물 속을 드려다 보는 눈길들로, 어떤 빛이 날지 기다려 볼 생각이다. 아흔아홉 편 시 묶음 잇기라는 길 떠남의 한 길라잡이 글을 이렇게 마친다.

"아흔아홉 편 시 묶음 잇기" 시집을 낼 분들인
몇 시인들만 믿고 정현기는 적다.

99편의 시를 세상 밖으로 풀어내며

쉰 살이 되던 해 펴낸 시집 『지천명의 바람』 이후 7년간 써온 시 중 99편을 골라 시집을 묶는다. 이로서 데뷔 이후 833편의 시를 발표하게 된다. 그간 시를 안 쓴 것이 아니라 시를 썼지만 잡지에 발표하지 않았을 뿐이다. 내 서랍 속의 시들을 꺼내보니 여러 편이 부패해 있었고 더러는 날것 그대로였다.

(나이가 들어가면서 시가 간추려지지 않는다. 시를 통해 무슨 말을 하고 싶어지는 것 같다. 간혹 허세도 보이고 간혹 지적 사치도 보인다. 시에서 긴장이 사라지고 진술이 늘어난다.)

다듬어지지 않은 생경한 언어들이 돌출되어 있다. 행간 사이로 바라본 내 시들은 말 그대로 졸작이었다. 그러나 어쩌랴. 그게 모두 내 깜냥이고 나로 하여 비롯된 것임을.

7년간 시를 쓰는 것보다 시를 쓰고 나서 발표하지 않는 것이 더욱 어려웠다. 발표 지면이 없어서가 아니라 오히려 그 반대의 경우라 해야 옳다. 오늘 빗장을 질러 두었던 새장을 열고 새를 날려 보내는 심정으로 내 시들을 풀어준다. 새삼스럽게 내가 시인이었음을 다시 한 번 깨닫게 해 준 시인 고운기와, '아흔아홉 편 시 묶음 잇기' 시리즈의 후임으로 나를 흔쾌히 나포(拿捕)해 준 정현기 대형(大兄)께 최고례(最高禮)를 올린다.

2010년 7월 어느 날

김용범

| 차례 |

02. 칩거기(蟄居期)의 안개와 바람

03. 외방(外邦), 흉노의 하늘

04. 늪과 숲

05. 그리운 사람들에게

01 »»

연혜만필
(淵兮漫筆)

연혜만필(淵兮漫筆) 1

관기(官妓) 두향(杜香) 묘에서 바라 본 강선대(降仙臺)의 물결

마흔이 넘어 단양군수가 되어 내려온 대학자 퇴계는 열여섯의 관기 두향을 만난다.

(세상은 퇴계를 질시했고 그는 외로웠다, 세상은 그의 경륜을 무시했고 목민의 길은 멀었다.)

강선대의 푸른 강물을 보며 두향은 가야금을 타고 퇴계는 마흔의 쓸쓸한 석양 아래서 아름다운 사랑을 나눈다. 그러던 어느날 퇴계가 홀연히 벼슬을 버리고 떠나자 두향은 강선대 밑에 초막을 짓고 홀로 지내다가, 1570년 퇴계가 죽자 슬픈 조문을 마치고 돌아온 두향은 남한강에 꽃잎처럼 몸을 던져 하늘하늘 물결에 밀려갔다. 사람들은 그 꽃잎 한 장을 건져내 두향의 묘를 만들었다. 두향, 진달래 향기가 피어나는 간결한 묘비. 아 고결한 선비에게도 잊지 못할 사랑이 있었구나. 사랑이란 그렇게 애틋하고 이루어지지 않을 때에 비로소 완성되는구나. 봄이면 이 땅의 산허리에 선연하게 피는 꽃. 진달래, 한 떨기 두향의 애뜻한 사랑.

연혜만필(淵兮漫筆) 2

심청

*
비 온 뒷 날 하늘처럼 해맑게
비 온 뒷 날 풀잎처럼 푸르르게
바람처럼 구름처럼
하늘의 새처럼 살고 싶다오.

내 이름은 청이오. 푸른 하늘 맑은 햇살.
내 이름은 청이오. 풀잎이고 바람이라오.

*
나 이제 떠나가네. 복사꽃 핀 마을을
이제 가면 다시 못 올 내 고향을 뒤로하고
이제 나는 가야하네
다시 못 올 길을 가야 만하네.

*
내 몸 하나 바다에 던져
내 아비의 빛이 되게 하여주오.
내 몸 하나 희생하여

내 아비의 빛이 되게 하여주오.

내 이름은 청이오, 푸른 하늘 맑은 햇살.
내 이름은 청이오, 풀잎이고 바람이라오.

(강산제 심청가 창본을 다듬으며 두 주일을 보냈다. 애가 끊는 목소리로 범피중류(泛彼中流) 배를 떠나보내고 황제의 내원에 화초를 피웠다. 심청가, 기진맥진한 남도소리가 일주일 내내 귓가에 아련했다.)

연혜만필(淵兮漫筆) 3

쌍골 오죽(烏竹) 단소(短簫)

쌍골 오죽은 정상적인 대나무가 아니다. 이형(異形). 비정상적인 대나무라서 귀한 나무. 죽순이 오르면서부터 쌍골죽은 댓잎이 다른 대나무보다 더욱 푸르르다. 바람을 정면(正面)으로 맞으며 가장 아름다운 바람결만 골라 빈 대속에 담거나 달 밝은 밤의 청량한 기운, 또는 8등성 별들의 아스라한 별빛만 대나무에 스민다.

쌍골을 가진 오죽을 찾아 노련한 악기장들은 대숲을 헤맨다. 가장 청아한 소리를 만들어 낼 줄 아는 악기장의 눈에만 쌍골 오죽은 발견된다.

대를 툭툭 끊어 구멍을 내면 그제야 쌍골 오죽은 피리가 된다. 만파식적(萬波息笛). 파도를 잠재우는 피리소리나, 오늘 밤. 인간문화재 악기장 김복곤의 쌍골 오죽단소를 꺼내 홀연히 피리를 불어 광풍이 부는 저 바다를 잠재우리라.

연혜만필(淵兮漫筆) 4

봄꽃타령

신재효는 고향에 눌러 앉아 여자 명창을 길러냈지. 낭랑한 소리꾼 채선이. 막혔던 목청을 티워 주고 율격을 가르쳐 경복궁 잔칫날 방아타령을 불러 젖혀 빛을 드러내게 했지. 그리고 바로 대원이 대감의 운현궁에 보냈어. 그게 탈이었네. 있을 때는 몰랐지. 그것이 사랑인지. 동리는 봄꽃이 흐드러지게 피던 날 멀리 있는 채선에게 노래 하나 지어 보냈어. 도리화가(桃梨花歌). 배꽃에 홀린 사랑. 복사꽃에 홀린 사랑. 마음에 병이 깊어 시름시름 앓고 있는 그에게 대원군은 채선을 돌려 보내주지. 아아, 명창이란 내가 혼자 소유할 수 있는 게 아니었구나. 아마도 그렇게 생각했던 게지. 천금 같은 은혜를 입고 스물네 살 채선은 돌아 왔지만 결국 늘그막 사랑에 가슴이 새카맣게 타버린 동리는 홀연히 그 곁을 떠났다네. 심장에 담은 사랑을 활활 태워 버리고 그 사람 떠나자 채선이는 낭낭한 소리 접고 평생을 하늘같은 스승의 그림자를 지우며 홀로 살았지. 배꽃이 흐드러지게 향기 흩날리는 계절이 되면 쉰 듯 갈리는 듯 애잔하고 맛깔스러운 목소리로 눈 대목 넘기는 채선의 소리가 들리지. 아아, 코끝이 짠하구나. 스물네 살, 아리따운 채선이와 쉰 살 넘은 사나이의 꿈같은 사랑, 저물녘 석양에 휘어 감겨 복사꽃 배꽃이 무진장 피어 날 때면 애닮은 사랑 이야기 한소절이 문득 떠오르지.

연혜만필(淵兮漫筆) 5

折陽柳寄與千里人

파주 교하 다율리 홍랑(洪娘)의 무덤에 갔었지. 가무악 작품 한 편, 무대장치를 마치고 그 무덤에 가서 지신(地神)을 밟았어. 버들가지 한 개를 가려 꺾어 님에게 보낸 다정하고 다감한 여인네의 무덤에서 오랜 친구 한우가 사물(四物)을 치고 술 한 잔을 올렸지. 북관(北關). 아득히 먼 곳, 최경창을 따라 허위허위 달려온 홍랑. 교하의 들녘에 묻힌 홍랑. 애틋해라 홍랑아. 누군가를 절실히 사랑하고 누군가를 한결같이 모시던 북관의 여인네야. 돌아오는 길 부슬 부슬 비 내리고 다음 날 부터 공연은 막이 올랐어. 돌아보면 가슴 저린 사랑의 기억 한 점 없는 우리네야 그 마음 어찌 알리.

연혜만필(淵兮漫筆) 6

황진이를 생각 함

i

그저 풀잎을 스치는 바람이었소.
그저 한가로이 산허리를 감싸는 구름이었소.
기약 없이 왔다가 기약 없이 떠나가는
한갓 부질없는 세상사
길가다 문득 옷깃을 스치고 간
그대는 누구신가
길가다 문득 눈길을 마주친
그대는 누구신가
그대는 누구신가

ii

나는 바람이려오. 자유로운 새가 되려오.
봄날이면 꽃을 보러 들판으로 나서려오.
노래를 부르며 시를 읊으며 비파를 타려오.
굴레도 벗고 멍에도 벗고
반가의 명예도 가문의 영광도 다 벗어버리고
자유롭게 살려오.
명랑하게 우지짖는 새소리를 들어보소.

저 들판을 지나가는 바람소릴 들어보소.
하늬바람에 머리를 날리며 나는 그리 살겠소.
자유롭게 창공을 날아가는
한 마리의 새처럼 나는 그리 살아가리니,
앞산의 꾀꼬리 님 찾아 울고
흥겹게 수양버들 흔들리는 들판
보아라. 다투어 꽃이 피는 아름다운 봄날.

iii
사무치게 그리워도 만날 길 없어.
행여 꿈에 뵐까, 꿈길로 가네,
오고 가며 어긋나면 어이 하나 마음 조이며
오늘 밤 그대 찾아 길 떠났는데.
당신 또한 날 찾으러 나섰나 보오.
아아, 애달 파라 아아 아쉬워라
어긋난 만남.
하루 한 날 같은 시간 서로 그리며
한 날 한 시 서로 같이 꿈길로 가서
우리 만나 잠시라도 살갑게 지내고저

아 아, 사무치게 보고 싶은 그대.
아 아, 사무치게 그리운 그대.
사무치게 그리워도 만날 길 없어
행여 꿈에 뵐까, 행여 만날까
오늘 밤 나 홀로 꿈길로 가네.

iv

앞강의 물빛이 저리 푸른 건
한밤 내내 내가 흘린 눈물 때문이라오.
나 홀로 촛불 밝혀 지새운 밤새
별빛은 사륵사륵 뜰에 쌓이고
님 그리워 우는 새는 목이 쉬었소.
아소 님하 아소 님하 무정한 나의 님하
내사 그저 님 그리는 해바라기인가요.
내사 그저 님의 뒤를 따르는 그림자인가요.
그저 그뿐인가요. 나는 그저 그뿐인가요.

연혜만필(淵兮漫筆) 7

교산 허균의 슬픈 식욕

위대한 허균이 바닷가인 전라북도 함열(咸悅)에 귀양 가 있던 시기는 참으로 비참했다. 먹을 게 변변치 않아 눈 감으면 하롱하롱 떠오르는 것이 모두 먹을거리 뿐.

(내가 죄를 짓고 바닷가로 유배되었을 적에 쌀겨마저도 부족하여 밥상에 오르는 것은 상한 생선이나 감자 미나리 등이었고 그것도 끼니마다 먹지 못하여 굶주린 배로 밤을 지새울 때면 언제나 지난날 산해진미도 물리도록 먹어 싫어하던 때를 생각하고 침을 삼키곤 하였다. 마침내 종류별로 나열하여 기록해 놓고 가끔 보면서 한 점의 고기로 여기기로 하였다.)

슬픈 얼굴로 상상의 푸줏간 앞에서 입맛을 쩝쩝 다시며 책 하나를 낸다. 도문대작(屠門大嚼). 장 앙텔므 브리야 사바랭의 미식예찬보다 멋진 책이다. 배불러 쓰는 미식이 아닌 굶주려 배가 고파 단지 상상력으로 써낸 위대한 저술. 홍길동전에 버금가는 책. 내용인즉 한마디로 여기 저기 이것도 맛있고 저것도 맛있다. 그러나 이것이 제일 맛있다. 그런 것이다. 그중 가장 맛있어 보이는 음식 하나가 강릉 방풍죽(防風粥).

(나의 외가는 강릉이다. 그곳에는 방풍이 많이 난다. 2월이면 그곳 사람들은 해가 뜨기 전에 이슬을 맞으며 처음 돋아난 싹을 딴다. 곱게 찧은 쌀로 죽을 끓이는데, 반쯤 익었을 때 방풍 싹을 넣는다. 다 끓으면 찬 사기 그릇에 담아 뜨뜻할 때 먹는데 달콤한 향기가 입에 가득하여 3일 동안은 가시지 않는다. 세속에서는 참으로 상품의 진미이다. 나는 뒤에 요산에 있을 때 시험 삼아 한 번 끓여 먹어 보았더니 강릉에서 먹던 맛과는 어림도 없었다.)

강릉엔 제자 심오섭과 그의 강릉고등학교 은사이며 나의 오랜 친구 시인 이언빈이 산다. 왜 그들은 내게 방풍죽을 안 사주는 걸까?

연혜만필(淵兮漫筆) 8

황조가

i

翩翩黃鳥 雌雄相依 念我之獨 誰其與歸

ii

유리왕은 왕비 송씨(松氏)가 죽자, 골천 사람의 딸 화희(禾姬)와 한인(漢人)의 딸 치희(雉姬)를 계실(繼室)로 얻었다. 이들이 서로 총애를 다투어 불화하므로, 왕이 양곡(涼谷)이란 곳에 동서(東西) 양 궁(宮)을 짓고 그들을 각각 두었다. 그 후 왕이 기산(箕山)으로 사냥을 나가 궁을 비운 사이에 둘이 다투게 되었다. 화희가 치희에게 "너는 한가(漢家)의 비첩(婢妾)일 뿐인데, 무례함이 어찌 이리 심한가?"라고 꾸짖으니, 치희가 부끄러워 원한을 품고 도망쳐 돌아갔다. 왕이 이를 듣고 말을 달려 쫓아갔으나, 치희는 노하여 돌아오지 않았다. 왕이 일찍이 나무 밑에 쉬면서 꾀꼬리가 날아 모이는 것을 보고 자신의 처지를 생각하며 이에 느껴 <황조가>를 지었다.— 삼국사기(三國史記), 고구려본기(高句麗本紀)1, 유리왕(瑠璃王)

iii

고려가요 동동(動動) 4월령(四月令 아니 니저 아으 오실서 곳고리새여 므슴다 錄事니ᄆᆞᆫ 녯 나ᄅᆞᆯ 닛고 신뎌 아으 動動다리)에 나오는 '곳고리새'가 바로 황조. 노오란 새. 조선 꾀꼬리다. 꾀꼬리는 절대로 꾀꼴 꾀꼴 울지 않는다. 정확하게 삐요~삐요~, 히요, 호이호 라고 운다.

연혜만필(淵兮漫筆) 9

아홉 개 구름과 꿈

서포가 하룻밤에 꾼 꿈은 아홉 개 구름이 드리워져 있다. 나는 그 꿈 중 백능파의 꿈을 유별나게 사랑한다. 꿈속에 꿈을 꾸고 꿈속에서 격렬한 전쟁을 치룬 뒤 백능파를 꿈속에서 데리고 나와 제 각시로 만든 스토리 한 줄을 건져들고 이 밤 나는 양소유가 되기도 하고 대웅전 마룻바닥에 졸고 있는 성진이가 되기도 한다. 아. 지극히 부러운 한바탕 꿈. 아홉 명의 각시를 데리고 하늘나라로 돌아가는 멋진 종결. 내 비록 내일 아침 우유 한잔을 마시고 출근을 서둘러야하는 무능한 봉급쟁이일 뿐이지만 서포가 펼쳐 논 창대한 꿈속에서 나는 자유로워라 나는 구름이어라.

연혜만필(淵兮漫筆) 10

동명에 뜨는 해

동명(東溟)에 돋는 해를 보러 그 바다에 갔었네.
그 바다 아침 해는 매일 아침 어김없이 떠오르고
그 바다 깊은 심연은 언제나 짙푸른 절망이지만
어제가 오늘과 같음에도
우리는 오늘이 오늘보다는 내일이
더욱 새롭기를 바라지. 그 바다 돋는 해는
매일 아침 밤톨만 했다 쟁반만 했다가
수레바퀴 만 해져 중천에 솟고 언제나 한결같이
어제와 오늘이 다르지 않음을 여실하게 보여 주지.
사람들은 동명에 돋는 해를 보러 그 바다를 찾아가,
500년 전 해돋이나 200년 전 해돋이가
오늘 날 해돋이와
어김없이 같음을 확인하고 올 뿐이지.

연혜만필(淵兮漫筆) 11

산유화(山有花)

i

(서력기원 660년 7월 29일. 소정방은 종군문사 하수량(賀遂亮)에게 사륙변려체(四六騈儷體)로 〈대당평백제국비명(大唐平百濟國碑銘)〉을 짓게 하고 권회소(權懷素)에게 저수량(楮遂良)의 해서체로 글을 쓰게 하여 정림사 오층 석탑 초층 탑신석 4면에 새기게 한다. 660년 9월 3일. 의자왕과 왕비 은고, 소왕 부여 효. 부여 융과 부여 태, 부여 연, 신료 93인, 백성 1만 2807인은 포로로 잡혀 당나라로 끌려간다.)

건국 678년만에 백제 5부 37군(郡) 200성(城) 76만호(戶)의 나라 하나가 우리 역사에서 완전히 지워진다.

ii

그날 부여 남당산. 이 땅에 남은 백성들은 백마강이 내려다보이는 산기슭을 올랐다. 당나라로 끌려가는 사람들을 마지막으로 바라다보며 참담한 눈물로 그들을 송별 했다. 쏜 살처럼 배들은 그들의 시야에서 사라졌다.

iii

문자 기록으로 남지 않은 것은 문학이 아니다. 그날 남당산 위에서 피눈물을 흘리던 백제 사람들은 백제의 마지막 날을 가슴에 담아 노래 가락에 새겨 넣었다. 한 글자의 증거도 남기지 않은 완벽한 역사 은닉. 그리고 시시 때때로 피 흘리듯 메나리를 불렀다. 지금 부여의 들판에서 부는 바람처럼 아픈 증언. 문자로 남기지 않았기에 오히려 끈질기게 살아남은 660년 9월 3일의 아픈 기억.

연혜만필(淵兮漫筆) 12

외로운 구름

문학의 역사는 정권이나 권력의 역사가 아니라 문학밖에 방법이 없었던 권력 밖의 사람들이 띄엄띄엄 징검다리처럼 이어 놓은 역사다. 주류에서 밀려난 비주류의, 중심이 아니라 주변의, 중앙이 아니라 변방의, 힘을 가진 자가 아니라 빈자일등(貧者一燈), 오직 그것밖에는 목 놓아 울 방법이 없던 사람들의 문자 기록이다.

그 첫머리에 고운(孤雲), 외로운 구름 하나 떠 있다.

(연행을 떠난 당대의 연암도 그저 조공의 무리 중에 하찮은 사람 중 하나였고, 김립이나 매월당도 강호(江湖)를 떠돌던 처사일 뿐. 서포 역시 가시 울 밖을 나서지 못하는 유배지에 갇혀 어머니 윤씨를 위해 밤새 글을 썼다. 결국 그것밖에는 할 일 없었으므로.)

(송강도 강호에 뜻이 있었던 것이 아니라 강호에서 부름을 받지 못하여 님 그리며 글을 썼다. 그가 권력의 중심에 있었을 때 그는 문학을 삶의 방편으로 삼은 것은 아니다.)

문학은 여항(閭巷)의 문사거나 홍랑이나 매창, 황진이 같은 해어화(解語花)거나 동리(桐里) 같은 아전이

거나 이름 모를 백성들의 몫. 그리하여 힘없는 백성들과 권세와 권력 밖의 사람들이 이중창을 부르며 이어간 역사. 어찌 지금이라고 그것이 다를 것인가.

부지소종(不知所從). 계림을 떠나 가야산에 외로운 구름 한 점 남기고 사라진 그 이름을 외롭게 불러본다.

연혜만필(淵兮漫筆) 13

무명씨(無名氏)

작가 미상, 무명씨의 작품으로 거론되는 작품만이 진실로 최고의 작품이다. 그들, 자기 이름을 지우고 작품만으로 당당하게 살아남은 수많은 무명씨들이 있어 한국문학의 터전은 풍요롭다.

(기실 이즈음도 당대의 명문장이거나 당대의 대표 작가들도 이름표 떼고 보면 쓰는 족족 당대의 베스트셀러거나 고전일 수 없다. 반은 이름값. 그들을 뒤에서 미는 보이지 않는 출판 상업주의와 그들과 결탁한 신문 잡지 같은 언론이 있어 만들어 낸 허명(虛名)이다.)

허명의 숲을 헤치고 도도한 문학 산맥에 당당하게 이름을 올린 무명씨. 낙엽지고 흰 눈 덮인 적나라한 겨울 숲에서 독야청청(獨也靑靑) 오로지 작품만으로 승리한 소나무거나 전나무.

연혜만필(淵兮漫筆) 14

운영(雲英), 슬픈 꽃구름

우리에게도 비극(悲劇)은 있다. 어름 위에 대나무 자리를 깔고 그대와 나 당장 죽을망정 정 둔 이 밤 더디 새라던 별사(別辭)보다, 이루지 못한 사랑, 아니 이루어 질 수 없는 사랑이 더욱 아름답다. 젊은 선비와 사랑의 불꽃을 태우던 안평대군의 궁녀 운영. 우리 고전소설 중 유일무이한 비극의 종결은 수 천 편의 해피엔딩보다 여운이 아련하고도 오래 간다.

연혜만필(淵兮漫筆) 15

問麴先生近況

국 선생(麴先生). 근황은 어떠신가. 기미를 보아 스스로 떠날 때를 결정 하셨다며? 때를 알고 떠난다는 것이 얼마나 어려운지 그대가 알았구려. 중지(中之). 당신 자(字)가 중지이니 제대로 중심을 잡은 셈이군. 끗발이 있다고 폼 잡고 사시던 젊은 시절 그대가 저지른 방자함이야 이미 지난 일. 뒤끝이 깨끗하면 그 뿐. 국 선생. 언제 한번 만나 거나하게 취해보세. 내 보리울(牟谷里)에 주천(酒泉)을 파고 좋은 술 한 통 빚어 놓았으니 술 익는 마을에 한번 들르시게나.

02 »»

칩거기(蟄居期)의 안개와 바람

칩거기(蟄居期)의 안개와 바람 1

가두리 양식장에 갇힌 광어처럼
속마음을 꼭꼭 숨기고 서울에서
두 시간 쯤 떨어진
중소공단도시에 갇혀 사는 동안,
사막이 확장되어가는 대륙처럼
내 마음의 일부는
사륵사륵 모래밭으로 변하고 있었다.

두려워 하지마라 아무 문제없다
두려워 하지마라 아무 문제없다
그렇게 스스로에게 주문을 걸며
초록의 숲들이 사라지는 것을
바라보고 있었다. 바람이 불면
점점 더 넓어져가는 황량한 사막
절망의 끝은 푸른 바다.
두려워하지 마 걱정 하지 마

서해 바다 가까이 오늘 황사가 자욱했다.

칩거기(蟄居期)의 안개와 바람 2

선학(仙鶴) 두 마리를 곁에 잡아다 놓고

바람이 부는 날은 산에 올라
별 볼 일 없는 학 두어 마리를 잡아다 곁에 두고
겅중겅중 걸어 다니는 학춤을 즐기며
담담하게 차나 한잔 즐겨야지

바람은 바람대로 겨드랑이 밑을 지나게
그냥 두고, 시정(市井)의 일이사
그저 그대로 부는 바람이사 부는 대로 맡기고,
매사 그냥 그렇게 매사가 자연스레 풀려나가리니

산 아래 것들을 얕잡아 깔보며
선학이나 두어 마리 잡아다가 곁에 두고
낮술이나 즐길 일이다.

칩거기(蟄居期)의 안개와 바람 3

홀로 대국(對局)

바둑이나 배워야 하겠다.
대국을 할 상대 없이 나 혼자 흑백 돌을 나누어
바둑판에 깔고 자리를 번갈아 바꿔가며
시간을 죽여야겠다.

큰 판 속에 세상 돌아가는 이치가 있을 터이니
한 점 한 점 돌을 깔며 궁리를 하다가
더러 꼼수도 쳐보고
가끔 한두 점 마음대로 물리기도 하면서
혼자 두는 바둑.

대세를 읽는 법을 배우며
큰 판에서 스스로 죽는 이치를 터득해 봐야겠다.
오판으로 대마를 잃는다손 치더라도
슬쩍 두어 점 물러주면 그만인,
혼자 두는 바둑.

칩거기(蟄居期)의 안개와 바람 4

느티나무 頌

i

느티나무는 묵은 가지 끝에서 새순이 돋는다.
창끝처럼 새순을 밀고 올라오는 신엽(新葉)의 힘.
느티나무 첨예한 새순들이 돋아나면
연초록 봄이 시작된다.

ii

선부동 방죽에서 실생(實生) 느티나무
몇 촉을 뽑아 화분에 심었다.
묵은 가지를 뚫고 뻗어 나올 새 순을 기다리며
묵묵하게 장편소설을 썼다.

느티나무는 과실을 맺지 않는다.
가지를 뻗어 다만 푸름을 만들고
우리에게 그늘을 나누어 줄 뿐

스스로
마음 일각에 그늘을 만들고 있었다.

iii

나중에 내가 죽으면 수목장을 해줘.
느티나무 밑에 나를 뿌려
그리고 음력 4월에는 연한 새잎으로
떡을 만들어 친구들에게 나눠줘
느티떡, 연하고 푸른 새잎을 흰쌀가루에 버무려
알맞게 쪄서 부드러운 새봄을 골고루 나눠줘

느티나무, 과실은 맺지 못하지만 그늘을 나누어주는
느티나무, 꽃은 피우지 못하지만
푸른 잎새의 청아한 나무
느티나무 밑에 나를 뿌려 오랫동안
청청하게 살아있게 해줘

칩거기(蟄居期)의 안개와 바람 5

연잎을 지나가는 바람

폭염 속 전주 덕진에서 만난 연꽃은 촛불 같았다.
수천 개 촛불을 밝힌 연지(蓮池)에서
나는 지는 해를 등지고 사진을 찍었다.

꽃잎과 꽃잎 갈피에서 향기롭게 흩어지는 향기를
사진에 담으며 늦여름 한 장면을 훔쳤다.

힘차게 꽃대를 밀어올린 연꽃 사이로
수런거리며 연잎을 지나가는
바람이 슬쩍 사진 속에 담겨 있었다.

칩거기(蟄居期)의 안개와 바람 6

관계항(關係項)

i

노트북 컴퓨터가 망가지고 나자
너무나 깨끗하게 편두통과 식후 속 쓰림이
감쪽같이 사라졌다. 그날
비로소 감옥 같은 소설에서 벗어나
풍치로 흔들리던 어금니를 뽑았다.

ii

깨알처럼 전화번호를 적어놓은 수첩을
잃어버리고 나서, 나와 관계되는
모든 이들의 정보를 잃었다.

그날 이후
전화를 켜놓았지만 어느 누구의
전화도 걸려오지 않았다.

칩거기(蟄居期)의 안개와 바람 7

분수를 지키며 스스로 만족하기란 얼마나 어려운가.
비 내리는 밤이 초록 식물들에게 한없는 축복이듯
바람이 몹시 부는 날 스산함이
외로운 사람들에게 축복이듯
끊임없이 내달려야하는 삶 속에서
잠시 걸음을 멈추고
지체한다는 것 누군가 내게 베풀어 준 축복 아닌가.

칩거기(蟄居期)의 안개와 바람 8

푸른 말갈기를 휘날리며 나는 초원을 달리고 있다.
온몸 흥건히 땀을 흘리며
쌍 무지개가 떠오르는 언덕을 향해,

전력으로 질주하는 말들은 번민이 없다.
설령 뛰다가 무르팍을 꺾고 넘어져
안타깝게 안락사를 당하는 한이 있어도
다만 앞만 보고 달릴 뿐.

나는 전력으로 달린다. 그리하여 나는 당당하다.
나는 앞만 보고 달린다. 그리하여 나는 떳떳하다.

은빛 채찍으로 내려치지 않아도
박차로 허벅지를 찍지 않아도
나는 전력(全力)을 다한다.

1마력의 힘으로 당당하고 떳떳하다.

칩거기(蟄居期)의 안개와 바람 9

평범(平凡)과 비범(非凡)

브로콜리 생즙을 마시며 오늘 하루
단순한 일과를 마치고
주머니의 잔돈을 털어 내일 아침 마실
우유 한 병을 사서 귀가하기를 바란다.

브로콜리 생즙을 마시며
어제 숙취에서 빠른 시간 내에
벗어나기를 바란다.

허튼소리를 내뱉으며 취중에 한 말만큼
헛헛해진 가슴이 생기로 가득차길 바란다.

칼날처럼 서슬퍼런 신새벽
아내가 갈아낸 브로콜리 생즙 쓰디쓴 초록이
적어도 일일분(一日分)의 생기가 되어
나를 평범한 가장(家長)이게 해주기를.
피곤에 지쳐 손발도 못 닦고 쓰러져 깊은 숙면에
빠지기를 바란다.

칩거기(蟄居期)의 안개와 바람 10

도저히 계약이 될 것 같지 않던
집이 문득 계약되고
팔려고 내놔도 누구도 나서지 않던 집도
불쑥 임자가 나타나
큰돈이 절실하게 필요했던 통장에 입금되었다.

애끓고 속 태우고 발을 동동 구르며
안절부절 못하던 일들이
진통제를 먹고 너무나 깨끗하게
사라져버린 두통처럼 지워졌다.

세상엔 그런 일들이 가끔 있다.

칩거기(蟄居期)의 안개와 바람 11

궁핍은 비굴함이 아니다

i

나는 오른손잡이기 때문에
무력한 왼손을 가지고 있다.
나는 오른손잡이기 때문에
절망적인 왼손을 가지고 있다.
오른손이 한 일을 왼손이 모르듯
왼손이 하는 일을 오른손도 모른다.

ii

개미들은 일 년 동안 모아 둔
식량으로 겨울을 버틴다.
부지런한 개미가 겨울을 보내는 힘은
궁핍이지만 궁핍은 비굴함이 아니다.

iii

강사료가 끊긴 겨울방학
사보에 글을 쓰는 매문(賣文)을 하거나
사륵 사륵 필경(筆耕)을 하며 보냈다.

겨울나기가 결코 쉽지는 않았지만
그렇다고 식구(食口)들의
밥을 굶기지 않았다.

칩거기(蟄居期)의 안개와 바람 12

낙타색 골덴 양복

올 가을에는 낙타색 골덴 양복을 한 벌 사야지
저무는 가을 길을 쓸쓸히 걸으며 상의(上衣)에
내려앉는 석양을 즐겨야지
흐뭇하게 벤치에 앉아 담배를 피워야지
아무도 지면을 할애해 주지 않는
한두 편 중편소설을 구상하며
약간은 낡은 것이 편안해지는
나이를 즐겨야지
낙타색 골덴 상의를 입고
참으로 담담하게 참으로 무심하게
담배 한 대를 피워야지.

칩거기(蟄居期)의 안개와 바람 13

섬, 너울, 바람

섬 속에 나를 가두고 그렇게 한 몇 년
정주하고 싶다. 사람들이 절망이라 부르는
바다에 오도 가도 못하고 갇혀
정말 오도 가도 못하고 살고 싶다.
낮이면 파도에 퍼렇게 멍든 바위 위에서
혼자 끼이끼이 울다 지쳐 죽음보다
깊은 낮잠을 자고 싶다.

그 섬의 너울과 바람에 흔들리며
섬에 갇혀 사흘 낮 사흘 밤을
토하고 또 토하며
바다 위의 섬에 갇혀 너울처럼 일렁이며

칩거기(蟄居期)의 안개와 바람 14

난초는 가혹하게 시달릴수록 향기가 강하다

올 겨울 난초들은 불시에 툭툭 꽃봉오리를 열었다.
난향에 젖어있는 동안
나는 한 편의 시도 쓸 수 없었다.

겨울마다 꽃대를 내밀며 난초는 꽃을 피운다.
겨울마다 나는 난향에 젖어 아득하게 정신을 잃는다.
겨울이면 우리는 죽음보다 더 깊은 감옥에 갇힌다.
그러나,
겨울이면 더욱 파랗게 살아나는 바다.
겨울이면 더욱 총명하게 빛나는 명왕성.
겨울이면 더욱 명징하게 들리는 바람소리.

올 겨울 난향은 내 감옥을 우울하게 했다.

칩거기(蟄居期)의 안개와 바람 15

명료한 별들의 힘

사람이 사는 마을에 불이 꺼지면
명료한 별들이 비로소 돋아 오른다.
하나씩 제몫의 광량을 지니고
빛이 지워진 지상에 나타나는 별.
그대 마음의 불을 끄고
가슴에 돋아 오르는 별을 보라
그리움의 힘으로 심지를 돋운
명료한 별들이
지상의 어둠을 밝히리니
별 하나의 힘으로
세상은 조금 더 밝아지리니
나는 불 꺼진 마을에서 홀로 밤을 새운다.

03 »»

외방(外邦), 흉노의 하늘

실크로드 트래킹 1

그리운 우루무치

나는 바람이다.
천산(天山)의 바람으로
동력을 만드는
풍력 발전기다.
바람이 강할수록 나의 힘은 강해진다.
나는 천산 기슭에서 밤마다
초록색 힘을 비축한다.

실크로드 트래킹 2

그리운 호탄강

나는 백옥강에서 비취를 찾는 탐석꾼이다.
나는 강가에 굴러다니는 돌멩이다.
나는 양 두 마리 값으로
가격이 매겨진 보석이다.
밤마다 나는 곤륜산의 밑에서
돌을 캐고 있다, 내 꿈은
비취색이다 그리운 호탄강의 초록이다.

실크로드 트래킹 3

그리운 투르판

나는 사막의 열기에 말라가는 건포도 한 알이다.
지하로 흐르는 칼라즈 천산 눈 녹은 물로
싱그러운 포도나무를 기르는 투루판의 농부이다.
나는 투루판 재래시장에서
은제(銀製) 귀고리를 만드는
장인이다. 어느 아름다운 여인의 귓바퀴에서
찰랑이며 햇살을 반사하는 이식(耳飾)이다.
오늘 밤 나는 포도나무 가로수 길을 끄덕이며
졸고 가는 색목인(色目人)이 된다.

실크로드 트래킹 4

그리운 카시카르

나는 고향이 그리워 결국은 굶어 죽은
향비(香妃) 묘에서 불살라지는 선향(線香)이다.
셔먼(色滿) 호텔 앞
노천에서 숯불을 피우고
양고기 꼬치(串)를 굽는 노점상이다.
이 밤 나는 아이티가르 사원에서
메카를 향해 기도를 드리는 무슬림이 된다.

실크로드 트래킹 5

그리운 타시쿠르칸

나는 고대 페르시아어를 사용하는
타지크 사람이다.
파미르 고원의 바람 속에서
청맥(靑麥)을 추수하는
고원의 농부다.
청량한 별들이 깔린
고원의 밤하늘이다.
오늘밤 나의 고산증세는 아득하다.
쿤자랍 패스를 지나
파키스탄으로 넘어가는
카라코룸 하이웨이에서
불빛을 보고 불쑥 뛰어나와
자동차에 깔려죽은
들고양이다.

실크로드 트래킹 6

그리운 쿠차

나는 박물관 유리 상자에 담긴 미이라다.
초콜릿색으로 말라 죽은
천 년 전 시체다.
이 밤 나는 메마른 사막에서
헤매는 영혼이다.
흙으로 다져 올린
고성(古城)의 성벽에서
파수를 서는
안서도호부의 군졸이다.
이 밤 나는 고향을 그리며 밤새도록
향수병(鄕愁病)을 앓는다.

실크로드 트래킹 7

그리운 야르칸트

나는 나무젓가락을 만드는 포플러 나무다.
티베트로 가는 길은 멀고
타클라마칸 사막의 모래바람은 거칠다.
나는 야르칸트 삼거리의 낙타 한 마리다.
백 사막을 종단하기 위해 물을 비축한
순한 동물이다.
이 밤 나는 홀로 외롭게 사막을 횡단하고 있다.

실크로드 트래킹 8

그리운 돈황

나는 월아천(月牙泉)을 비추는
달빛의 이빨이다.
밟으면 슬픈 울음을 우는
모래 언덕이다.
이 밤 나는 비파를 뜯는 여인과 야광배(夜光盃)
가득 포도주를 따르며
이별의 밤을 즐긴다.

실크로드 트래킹 9

그리운 난주

나는 황하의 어머니다. 나는 먼 여행을 나선
물방울이다. 천 년 전 이곳 산중에 토굴을 파고
참선을 하던 금색인(金色人) 구법승이다.
먼 길을 걸어 인도를 다녀온 신라인이다.
이 밤 나는 황하의 탁류에 휩쓸려 허우적거리는
꿈을 꾼다.

실크로드 트래킹 10

그리운 서안

나는 나그네다. 잠시 쉴 곳을 찾는
나는 종루 옆 만두가게에서
100종류의 만두를 빚는 주방장이다.
절대로 인육은 쓰지 않는
정직한 주방장이다.
나는 종착역이며 출발지이다.
언제나 떠날 준비가 되어있다.
토용(土俑) 무사처럼
지하에 묻혀 있다가
세상 밖을 나온
쓸쓸한 아바타이다.

강종호의 자작나무

화가 강종호는 꿋꿋하게 연길에 산다. 잘난 친구들이 모두 떠난 연변조선족자치주에서 그 혼자 깡깡하게 버티고 있다. 20년 전 겨울 나는 그를 설화(雪花)가 핀 이도백하에서 만났다. 그는 시린 손을 비비며 스케치를 했다. 눈 덮인 백두산 아랫마을, 그냥 그의 스케치는 구릉의 선(線)들과 앙상한 자작나무 몇 그루뿐이었다.

(화가 강종호는 그 몇 해 뒤 예술의 전당 앞 한원미술관에서 전시회를 열었다. 백두산 가는 길.)

송정을 지나 백두산 가는 길은 아득히 멀었다. 자작나무 숲을 지나 울울창창(鬱鬱蒼蒼)한 침엽수림을 지나 나무 울을 두른 산간마을의 시골집을 지나 슬프도록 아름다운 석양이 걸린 구릉을 지나 그 길은 끝이 없이 이어졌다.

(강종호의 그림은 루이스의 나니아의 세계로 빨려 들어가는 입구 같았다. 풍경에 대한 기억은 풍경을 목도한

사람만이 소유할 수 있는 고유한 권한이다.)

그는 여전히 연길에 묵묵히 미술대학 학생들을 가르친다. 곤궁하던 서울 시절을 잊고 자작나무 숲과 이 도백하의 구릉을 그린다. 그의 그림 속 풍경은 늘 초춘(初春)이다.

호랑이 수염(虎鬚)

i

어[敔]라는 악기가 있다. 백호(白虎)가 웅크린 형태로 나무를 깎고 등에 스물일곱 개 톱니를 세운, 음악의 끝을 알리는 중요한 악기. 웅크리고 있는 백호. 아홉 조각으로 갈라진 채, '진죽'으로 호랑이의 대가리를 딱.딱.딱. 세번 치고 등을 주르륵 한번 훑어내려 긁는 것을 모두 세 번. 그러면 음악 끝. 문제는 소리다, 채가 스물일곱 개의 갈기를 지나면 듣기 민망하게 '찰찰찰'거리는 소리를 낸다. 그 소리를 듣는 순간 당당한 백호의 위엄이 여지없이 무너진다.

ii

어느 해인가 하얼빈을 가면서 송화강 북쪽 800마리의 백두산 호랑이가 반 야생 상태에서 살고 있는 동북호림원(東北虎林園)에 들린 적이 있다. 호랑이 먹이로 생닭을 파는데 갓 잡아 싱싱한 닭 두 마리를 사서 새끼호랑이들의 먹이로 던져주고, 살아있는 소 한 마리를 호랑이 우리에 풀어 열 마리쯤 되는 호랑이가 아작 하고 황소 한 마리를 눈 깜짝할 사이에 잡아

먹는 잔혹한 호랑이 점심시간을 즐긴 뒤, 나는 포만감에 늘어지게 잠들어 있는 호랑이 한 마리를 정밀하게 관찰했다. 용맹하고 강인한 호랑이의 위용은 어디서 나오는 것일까. 호랑이 이빨? 호랑이 발톱? 나는 그 용맹의 근원을 찾기 위해 오랜 시간 관찰했다. 결론은 수염. 호수(虎鬚)였다. 호랑이의 수염은 열 개의 털이 한 줄씩, 다섯줄이 나있는데, 중간 줄의 수염이 가장 길다. 특히 중간 줄의 일곱 번째 수염이 제일 굵고 길다. 참으로 위엄이 있다. 그래서 조선시대 무관들의 모자인 전립은 용맹과 위엄을 보이기 위해 호랑이 수염을 꽂아 만든 호전립(虎戰笠)을 썼던 것. 용맹함의 상징 호수(虎鬚)여

iii

동북호림원을 다녀온 뒤 나는 몽골이나 백두산이 있는 중국 동북 지방을 여행할 때 반드시 콧수염을 기른다. 출신 고등학교가 동북(東北)이고 내 이름이 용범이 아닌가. 흰 수염이 드문드문 난 호수(虎鬚)의 꿈. 위엄과 용맹을 스스로 드러내기 위해 일부러 기

르는 콧수염. 그런데 오랜만에 학생들을 인솔하고 백두산에 오르려 준비하던 아침 나는 문득 면경(面鏡)에 비친 내 모습을 보았다. 앗, 어[敔]였다. 면경 속에는 초라한 중늙은이 하나가 허연 콧수염을 드러내고 찰.찰.찰. 거리며 겸연쩍게 웃고 있었다.

마록열전(馬鹿列傳)

말을 말이라 하고 사슴을 사슴이라 말하는 것은 정직한 답변이다.

(원래 마록은 막가(莫迦)인데 산스크리트어 moha로 막가파가 아니라 본뜻은 어리석다는 말.)

나중에 죽어도 좋으니 말을 말이라 하고 사슴을 사슴이라 부르는 정직하고 당당함. 나는 죽어도 그렇게 살겠다 결심했으나 말인지 사슴인지 모를 마록(馬鹿)을 만난 날 혼동이 시작되었다. 튼실한 엉덩이 살을 섬벙 베어 구어 파는 정직한 사슴고기 구이 집에서 독한 연변 흰 술 한 도쿠리와 맛있게 마록(馬鹿) 두어 근을 구어 먹고 나니, 말이 말인지 말이 사슴인지 말이 사슴 같고 사슴도 말 같고 홍알홍알 지평선에 지는 저녁노을이 아득했다.

노루궁뎅이 버섯과 닭다리 버섯에 관한 명상

중국 애들은 원숭이 대가리 같다고 후두고(猴頭菇)라 하는 버섯을 우린 노루궁뎅이 버섯이라고 한다. 어허, 그놈 아무리 봐도 노루궁뎅이가 틀림없다. 우린 새송이 버섯이라고 하는데 중국 애들은 닭다리 버섯이라고 한다. 그건 중국 애들 말이 맞다. 손에 쥐고 이리저리 살펴봐도 영락없는 닭다리다.

밤나무가 있으면 어김없이 너도 나도 밤나무가 너도 개미자리. 나도 개미자리가 있다. 며느리 밑씻개. 수풀 떠들썩 팔랑나비. 개불알꽃. 팝콘처럼 웃음이 툭툭 터지는 삼라만상(森羅萬象).

(시는 시인만이 쓰는 게 아니었구나. 동식물학자들의 놀라운 위트와 시적 상상력.)

오늘 지루한 장맛비가 오는 날. 노루궁뎅이 버섯이나 닭다리버섯 구이로 맛있는 술안주를 만들어 놓고 낄낄 웃으며 술 한 잔 해야겠다.

오누이 된장찌개

연길 우시장 길 토장(土醬) 집에는 낯선 찌개백반 있다. 삶은 콩을 짓찧어 묵은 된장과 섞어 끓인 오누이 된장. 갓 삶아 찧어 낸 구수한 메주콩냄새가 혀에 감치는 그 맛, 세상 그런 것 아닌가 오누이처럼 다정하게 눅진하고 묵은 맛과 날내 나는 햇것이 어울린 기기 막힌 조화. 연길 우시장 길 토장집에 가면 세상 사는 이치보다 더 맛있는 찌개백반이 있다.

혼잣말

한 한 달쯤. 외부와 단절하고 혼자 있어 보니 알겠더군. 면벽하며 선정에 든 건 아니고 장편소설 한 편을 쓰려고 작심한 뒤 백두산 아래 연길에 스스로를 가두고 며칠 동안 밤낮 없이 글을 쓰다가 생수와 식료품을 사러 나서는데, 화단에 백일홍이 핀 것 아니겠어. "허 참 예쁘다. 백일홍이구나." 평소 같으면 마음으로만 그렇게 생각하던 말이 툭 튀어나오는 것. "난 지금 누구하고 말하고 있지?"

연변대학 외빈교수 숙소 앞. 나는 구름, 바람과도 게다가 모든 나무들과도 나는 대화를 했어. 아 나는 사람이 아니라 사물과 대화하고 있었던 거야. 소나무들이나 강아지풀이나 백일홍들과도 말이 통하는 곳.

그뿐이 아니야. 그날 밤 소설 흑치상지의 주인공들과도 대화를 해 보았지. 자치 통감을 펴놓고 자전을 찾아 초고번역을 해놓고 물어보는 거야.

"어이 흑치장군. 조금 만 더 진군해. 기습 작전이 옳을 늣해 내가 보기엔"

그 여름 나는 한 달 동안 장편 소설 흑치상지 원고를 털었지. 혼잣소리를 해가면서 말이야. 그 버릇? 인

천공항에 도착하니 바로 고쳐지더군. 여긴 나와 대화할 나무도 구름도 꽃도 없더군. 아니 내 말을 알아듣는 사물이 없더라고.

새장 밖에 사는 세 마리의 새에 대한 명상

i

나는 북경에 갈 때마다 화조어(花鳥魚) 시장에 들르곤 한다. 그곳은 원래 귀뚜라미 파는 가게가 몰려있는 곳인데 각종 새와 금붕어 금개구리 같은 한국에서는 볼 수 없는 희귀한 애완동물도 파는 곳이다. 내가 관심을 가진 것은 새장이었다. 정교하게 조각한 수제 새장. 원통형의 새장은 잘 깎아낸 대나무 살과 바닥과 문에는 무늬를 조각했으며 새장의 윗부분은 나무에 새장을 걸 수 있는 갈고리와 탑형의 2중 장식이 있었으며 새장 안에는 청화 백자로 만든 앙증맞은 모이그릇과 물그릇 두 개가 걸려 있고 새들이 쉴 수 있게 가로질러 놓은 쉴 대가 있다. 그런 새장 세 개를 가지고 있다.

ii

빈 채 있는 새장이 너무 허해서 새를 한 마리씩 사다 기르기 시작했다. 세 마리의 새. 한 마리는 백색 문조. 한 마리는 금화조. 한 마리는 잉꼬다. 모두가 홀로 된 새들이다. 잉꼬는 들여오는 날부터 암수 한 쌍이 정말 다정스럽게 지냈다. 그러던 어느 날 새장바닥에 흘린 좁쌀을 쪼던 녀석 하나가 날갯죽지가 새장 바닥에 걸려 꿈쩍 못하고 며칠 버티더니 결국 죽어버렸다. (그 새를 발견하지 못한 나의 무관심도 무관심이지만 제 짝이 날개가 끼어 죽어 가는 순간까지 제 힘으로 제짝을 구해내지 못하며 결국 굶어 죽게 만든 남은 잉꼬는 그 심정이 오죽 답답했을까.) 하얀 문조는 길거리 새 장사에게 산 것인데 쌍이 맞지 않는다하여 홑 새를 모이 한 봉지를 껴서 만 이천 원에 사들였다. 다른 한 놈은 금화조로 둘째 딸의 권유로 모두 혼자니까 일부러 짝이 있는 것으로 사들인 것이다. 그러나 그 새마저 어느 날 한 마리가 열린 창문으로 날아가 버리고 혼자가 되었다. 원래는 새장에서 살던 새들은 어느 날 모이를 주려고 문을 열자 후드득 날아 나와 베란다를 돌아다니기에 아예 문을 열어주었다. 새들은 베란다에서 기르는 화분에 담긴 남천이나 관음 죽에 쉬기도 하고 모이를 쪼러 제집에 들어가기도 한다. 그러나 반드시 새들은 밤이 되면 제 각각의 집에 들어가 잠을 잔다.

iii

집에서 기르고 있는 새의 모이를 사기 위해 나는 한 달에 한번 수족관 겸 새를 파는 가게에 들른다. 국수와 좁쌀. 해바라기 씨가 섞인 새 모이 한 봉지. 수족관에는 하루 종일 입을 맞추는 물고기 키싱구라미나 누가 사갈까 싶은 눈알이 툭 튀어나온 검정 금붕어들이 물속을 돌아다닐 뿐이다. 주인은 무덤덤하게 내게 새 모이 한 봉지를 건네준다. 이 한 봉지면 내 집 새들이 충분하게 먹을 한 달 식량이다.

iv

내 집 새들은 왜 하루 종일 베란다에서
자유롭게 날아다니다가
왜 밤만 되면 반드시 새장에 들어가 잠을 잘까?
내 집 새들은 왜 창문을 열어 놓아도
창밖으로 날아가지 않을까?
내 집 새들은 왜 제 스스로 먹이를 찾지 않고
주인이 주는 모이만을 먹을까?

몇 몇 새들에 대한 고독한 명상

i 하늘을 나는 새

새라고 공중에 하루 종일 떠있을 수는 없다.
새들이 모과나무 가지에 잠시 앉아 쉬는 것은
그냥 쉬고 있는 것이 아니라
다음번 쉬어야 할 나무를 찾고 있는 것이다.

새들이 다리 위 가로등 위에 내려 앉아
날개를 접고 쉬는 것도 예사스러운 일이 아니다.
새들은 강을 내려다보며 재빨리 나꿔 챌
물고기를 찾고 있는 것이다.

분명한 목표가 정해지기 전에
새들은 절대 자리를 뜨지 않는다.
새들은 제 몸의 무게와 날개의 힘을
분명하게 알고 있다.

공중에 날며 똥을 누는 이유도
몸무게를 가능하면 줄이려는 치밀한 전략.

새들은 절대 경솔하게 날지 않는다.

ii 조롱(鳥籠)속의 새

자금성 뒤 소공원에 아침이 되면 조롱을 들고 나와 나뭇가지에 걸어놓고 새소리를 즐기는 노인들이 모여든다. 새들은 작은 조롱에 담겨 나뭇가지에 걸리고 아침의 비교적 신선한 공기를 마시며 즐거운 소리를 낸다. 북경의 노인들은 조롱에 단 한 마리의 새만을 기른다. 새들은 조롱에 갇힌 채 두 시간 정도 아침을 즐기다가 노인들의 자전거에 실려 다시 집으로 돌아간다. 내일 아침 조롱의 새들은 자금성 뒤 소공원에 다시 나타날 것이고 노인들은 두 시간 뒤 어김없이 자전거를 타고 집으로 돌아가 조반을 먹을 것이다. 수십 개의 조롱이 매달린 나무. 베이징의 아침은 새소리로 시끄럽다.

iii 풀어 기르는 새

새장에 가두어 기르던 새를
베란다에 풀어놓기로 했다.

새장 문을 열어 새를 풀어주고
화분과 화분 사이에서
자유롭게 살고 잠들게 했다.

새에 대해 관심을 끊자
비로소 새도 나도 서로에게서 해방되었다.
베란다에다 새를 풀어준 날 이후부터
나는 내 집에 새가 있다는 사실을 잊어버렸다.

편달(鞭撻)

몽골 가젤 영양의 앞다리로 만든
채찍 하나를 어렵게 구했다.

초원을 달리며 더욱 빠르게
더 더욱 빠르게 질주하라고
아프게 내려칠 채찍 하나를
서가에 걸고
채찍으로 내려칠 말을 기다리고 있다.
강하게 내 그대를 편달하리니
달려라 달려
뒤돌아보지 말고 앞만 보고 달려

낙타 털 망토

세례 요한은 낙타털 옷 한 벌을 입고 평생 광야에서 고독하게 예언을 했다

-낙타는 순한 동물이다.
묵묵하고 우직하다.
낙타는 타는 목마름을 대비하기 위해
스스로 제 몸에 물을 저장하는
사려 깊은 동물이다.
주인에게 순종한다.
그 덕목만으로도
충분히 존경 받아야 할 동물이다.

몽골 산 낙타털 짠 망토를 하나 사서 아내에게 선물로 건넨 날은 팔월 초순. 한밤에도 열기가 사그라지지 않는 열대야의 나날들이 며칠째 계속 되고 있었다. 아내는 그날 밤 따뜻한 망토를 걸치고 외출하는 늦가을 들판이거나 한 겨울 바람 속을 지나는 꿈을 꾸었지만 나의 꿈속에 낙타는 내 아내에게 몽땅 털을 빼앗긴 채 발발 떨며 알몸으로 몽골초원을 서성거리고 있었다. 그 여름이 지나고 가을을 지나 초겨울까지 아내는 한 번도 낙타털로 짠 망토를 걸치고 외출하지 않았다. 몽골초원의 낙타가 새 털이 돋기를 기다리는 것이 분명했다.

얼굴 지우기 배경만 남기기

오십이 되면서부터 모든 사진에서
내 얼굴을 지우기 시작했다.
얼굴을 빼고 배경만 남기는 사진 찍기.

몽골에서 찍은 사진은
초원만이 가득했다.

항주(杭州)에서도 찍은 내 사진 속에는
서호(西湖)의 푸른 물만 찍혀 있었다.

아 나는 지금까지 너무 여러 곳에 나를 남겼구나.
얼굴을 남기기보다 얼굴을 지우기가 더 어려운
세상살이. 초원은 초원이고 바다는 바다
잠시 그 풍경에 내가 머물렀을 뿐

이제 사람들의 기억 속에서
나를 지우는 일만 남아 있구나.
지금부터 나는 누군가의 배경으로 남기로 했다,
누군가의 가슴속에 남는 풍경이 되기로 했다.

별빛 보호지대

사람들아.
수 억 광년 너머 별들이 축복처럼
우리 지상에 빛을 뿌리게 하라.
지상에 불을 끄고
그 별빛에 취하게 하라.
7등성의 희미한 별들마저
이 하늘에 명멸하게 하라.
지상에 불을 끄고 그 별들을
창창한 하늘에 존재케 하라.

사람들아.
그대는 촛불 하나로 족한 실내를
너무 휘황하게 밝히고 있지는 않은가.

파미르고원 타지크 사람들의 마을이거나
몽골 초원 테를지,
홍천 보리울 밤하늘의
명명백백(明明白白)한 성좌.
또렷이 제 광량(光量)을 밝히며 총총 떠있는

그 별들을 제 맘껏 빛나게 하라.

사람들아
지상에 불을 끄고
별들을 발광(發光)하게 하라.

고비사막의 노란 바람 한 점

몽골 초원에 유채씨를 뿌리겠다는 용감한 제주 사람 하나를 울란바타르에서 만났다. 수십 억 헥타르의 땅에 피어난 유채꽃. 생각만으로도 소름이 돋은 노랑의 바다.

(아마 그 사람의 조상은 원나라가 역사에서 사라지던 날 몽골초원에서 제주로 홀연히 건너온 유민(流民)일 것이다. 그가 꿈꾸는 몽골은 DNA에 각인된 고비사막의 바람 한 점이 분명했다.)

노련한 말들은 제 등에 앉은 사람을 얕잡아 본다

몽골의 말들은 자그마하지만 강인하다. 원조 과하마(果下馬) 조로말, 말 그대로 조랑말이다. 츄츄, 소리를 치면 말들은 달리기 시작한다. 힘을 주어 양손으로 고삐 힘껏 끌어당기면 즉각 선다.

(문제는 이러한 묵계적 약속을 무시하는 시건방진 말들이 있다는 것이다.)

조랑말들은 제 등에 탄 사람이 누군지 잘 안다. 일단 그가 처음으로 말을 타는 사람을 노련한 말들은 알아챈다. 그리고 즉각 제 등에 앉은 사람을 얕잡아 보기 시작한다. 고삐를 왼쪽으로 당기면 왼쪽으로 가야 마땅하거늘 말 탄 자의 준엄한 명령을 무시하고 제 갈 길로만 간다. 탄탄한 대로를 놔두고 비탈길로 기어올라가거나 옆에서 말 탄 자가 제 말을 달리게 하려고 츄츄거리는 소리에 엉뚱하게 건방진 조랑말이 먼저 달려 나간다.

문제는 나무 밑을 지날 때이다. 나뭇가지를 지나가는 순간이 닥쳐오면 노련한 말 탄 자는 나무를 비켜가게 고삐를 왼쪽이나 오른쪽으로 잡아채 길을 만들지만 미숙한 말 탄 자는 조랑말을 제어할 수 없으므로 말이 가는 대로 갈 수밖에 없다. 조랑말들은 원조 과하마이고 제 자신이 나뭇가지 밑을 지날 수 있기 때문에 제 등에 탄 자의 존재를 완전 무시한다. 결국 조랑말은 나뭇가지 밑을 유유히 통과하지만 말 탄 자는 나뭇가지에 걸려 대롱대롱 목이 걸리게 되거나, 말에서 떨어지거나, 발을 걸고 있는 등자(橙子)를 벗어나지 못해 땅바닥에 떨어져 발을 등자에 걸고 슬픈 표정으로 질질 끌려가게 되어 있다.

(믿지 못하겠으면 몽골 국립공원 테를지에 가 봐라. 여기저기 부러진 나뭇가지가 즐비하고 조랑말에서 떨어져 다리가 부러지거나, 누구라고 말할 수는 없지만 건방진 조랑말 때문에 혼비백산하여 선글라스를 잃어버린 사람도 있다.)

그대 몽골에 가면 건방진 조랑말들을 주의하라. 몽골이던 한국이던 어디나 말 안 듣는 놈은 반드시 있게 마련이다.

허르헉

양 한 마리를 피 한 방울 안 흘리고 잡아 토막 내고
양가죽을 냄비 삼아 달군 돌로 익혀내는 초원의 음식
내 몸에 노마드의 유전자를 일깨우는
허르헉. 하루 종일 헉헉대며 말 달리고 싶다.

하늘 똥

이륙한 비행기가 적정고도에 오르면 나는 어김없이 화장실로 달려가지. 있는 힘껏 하늘 똥. 구름밭 위에서 통쾌한 배변을 즐기지.

(언젠가 목포에서 제주도 가는 정기여객선의 화장실에서 찰랑대는 바다위로 갈기던 바다 똥보다 야간열차를 타고 20시간 장춘에서 연길로 가는 만주벌판 고량밭 사이 철길에 갈기던 기차 똥보다 통쾌한 구름 위에서 갈기는 하늘 똥.)

적정고도의 하늘에서 아래 세상을 향해 갈기는 장쾌한 배설. 가끔 그런 것으로 나는 살판이 나지. 하하하하 하늘 똥

올드 잉글리시 쉽 독(Old English Sheep Dog)

양치기 개 한 마리를 기르는
일본 동서네 집에서 한 주일을 머물렀다.
양치기 개는 제가 몰고 다닐 초원의 양(羊)이 없으므로
하루 종일 빈둥거리며 계단을 오르내리거나
늦잠 자는 조카들을 깨우거나
토스터에 구워 주는 식빵을
맛있게 먹는 일로 하루를 소비했다.
풀밭에 양이 없다는 이유만으로
하루 종일 느물대며
시간을 죽이는 참으로 한심한 개와
일주일을 보내고 나서
뜻밖이지만 저 팔자를 부러워하기로 했다.

고이와(小岩)*의 매화

늙은 매화는 제가 견딜 매실의
무게만큼만 꽃을 틔운다.

가지의 힘이 결실을
감당할 만큼만 피워낸 꽃들은
성기지만 오히려 단아하다.

제가 감당할 무게를 스스로 아는
오래된 나무의 슬기.

스스로 감당 못 할 무게를 매정하게
덜어내는 것 보다 힘든 일은 없다.

---

* 고이와(小岩) : 도쿄의 동북쪽 마을 이름.

04 »»

늪과 숲

단도직입(單刀直入)

i 칼

풀잎에 벤 손가락에서
선홍의 피가 흐른다.
잘 벼려진 칼날은
풀잎처럼 연약했다.

ii 멸치

멸치는 성질이 급해
그물에서 잡히는 순간
죽고 만다.
제 성질을 못 이겨
즉각 죽어 버린다,
굴종을 참지 못하는
멸치의 너무나 깨끗하고
멋진 죽음.

iii 꽃비

강한 망치로 뒤통수를 맞은 듯
잠시 아득하더니

벚꽃이 후드득
무진장 흩어지고 있었다.
꽃비.
올 봄은 그렇게 끝났다.

iv 미맹(味盲)
잘 버무린 겉절이를
입에 넣고도
쓴맛이 느껴지는 가을
사내의 가을은 참혹했다.

v 불꽃놀이
불꽃은 터지고 나면 그 뿐
그 뒤의 더욱 막막한 어둠
절정의 뒤끝은 항상
쓸쓸하다.

vi 치통
지독한 치통에 시달리다

결국 송곳니를 뽑았다.
그날 문득 베란다의
신비디움이 꽃망울을 터트렸다.

일도양단(一刀兩斷)

i 찔레꽃

지독하게 외로운 밤마다
생담배를 태우며
찔레꽃.
그 아득한 향기에 질려
나는 죽는다.
너무나 평범해
눈이 시린 꽃.
파랗게 날을 세운
과도(果刀)처럼
서슬이 파란 꽃.

ii 죽(竹)

싸워서 이기는 것이 옳다.
타협 하지 마
올곧게 버티다
짜개져 버리는 게 옳다.
구부러지지 마.
죽(竹).

일목요연(一目瞭然)

i 소금 꽃

대낮 염전 수분이
시나브로 증발하고
있는 동안의
적막은 사뭇 두렵다.
불로 끓여 강제로
수분을 날리는
자염(煮鹽)이 아닌,
햇살의 힘으로
시나브로
염도를 높여
만들어내는
침묵과 적막의 소금꽃.
내 사랑도 그렇게 아름답게
결정(結晶) 났으면

ii 성운(星雲)

치명적인 독을 품고 있는
성운을 향해

우린 자석에 끌리는
쇳조각처럼 끌려간다.
거부하지 못하고 끌려가는
아 지독한 사랑
나는 그대의 독기에 물려
아득하게 죽는다.

명징한 사물

ⅰ 할단(鶡鴠)새

나는 급하면 풀섶에
제 머리를 박는 꿩이거나
할단(鶡鴠)새다.
단순하고 우매한 것보다
무서운 것은 없다.

ⅱ 고비사막

쌍봉낙타가 사는 고비사막.
그곳엔 바람이 세다.
거칠고 막막하다.
난 항상 목이 마르다.

ⅲ 꽃샘추위

팝콘처럼 툭 청매(靑梅)가 꽃을 틔웠다.
꽃샘추위가 맵던 날 밤.
툭 툭 툭
매화 꽃 터지는 소리가
축포처럼 들렸다.

늪

i 마음 속 깊은 늪

마음속에 깊은 늪 하나를 만들고, 수생식물(水生植物) 몇 개를 기르며, 부유(浮游)하는 법을 가르치리. 마음의 늪에 스스로가 잠겨 물 밑 진흙에 박은 뿌리를 숨기고 지나던 새들이 잠시 쉬어가게, 내 늪의 물고기를 잡아먹어도 화내지 않으며, 매미나 잠자리가 마음 놓고 변태를 하게 내버려 두리. 내 늪은 늘 그런 평화로 가득 차게 하리. 마음속에 깊은 늪을 만들어 스스로 그 늪에 침몰하리.

ii 용늪

용늪에는 용이 되지 못한 이무기 수 십 마리가 제 뜻을 펴지 못하고 숨어있어, 비가 오는 날이면 우렁우렁 이무기들의 울음으로 가득차고, 밤새 잠들지 못하는 나도 우렁우렁 함께 우나니. 용늪에 우박처럼 별똥별이 쏟아져 내리고, 밤하늘을 아프게 가르며 혜성들이 지나는 날이거나 용오름 구름이 바다 물을 끄을고 솟구쳐 오르는 날에도 용늪의 이무기들은 그저 늪 바닥에서 우렁우렁 신음을 하고 있을 뿐이니, 그 늪에

처연한 슬픔처럼, 그 늪의 처연한 울음처럼, 그렇게 천년의 세월을 기다리고 있는 중이야.

ⅲ 별의 늪

성운(星雲)이 자욱한 수백 광년 너머 우주엔 별의 늪이 있다. 제 빛을 잃은 별들은 어김없이 별의 늪에 빠져 질척이는 개흙이 된다. 그러나 그 늪에서 새로운 별들이 경이롭게 태어나는 곳, 죽은 별들의 광량을 모아 휘황한 별들로 다시 태어나는, 아 침묵이 거름이 되는, 아 죽은 별들의 광휘가 새로운 별들의 에너지가 되는 수억 광년 너머의 별의 늪.

ⅳ 우포

아름답다는 것은 저리도 참혹한 것인가. 가시연꽃은 잎마다 수 십 개의 송곳을 숨기고 있다. 지독하게 향기로운 내음과 빳빳하게 줄기를 밀어 올리는 그 힘찬 생생력(生生力). 살기위해 아름답게 위장한 처절한 복수의 꽃. 우포늪의 가시연꽃 몇 그루를 은밀하게 내 늪에 옮긴다.

v 늪의 바람

늪지대를 지나는 바람은 낡은 국기처럼 명분만으로 나부낀다. 남루한 명예의 남루한 바람. 늪지대의 바람은 젖은 빨래처럼 물기에 젖어있다. 아직 덜 마른 빨래의 축축한 우울. 내 늪을 지나는 바람은 온통 그런 것뿐이다. 뻐꾸기시계가 우는 아침 맑고 경쾌하게 잘 마른 내의처럼 기분 좋게 얇게 저민 생강처럼 산뜻하게 그런 바람이 그립다. 일 년 내내 내 늪의 바람은 습기에 젖어 있다.

vi 슬픈 악어가 사는 늪

악어가 흘리는 눈물은 진실이다.
사람들은 믿지 않지만
악어는 정말 눈물을 흘린다.
늪지대인들 어찌 슬픈 일들이 없으랴
사람들은 믿지 않지만, 늪지대에는
비오는 날마다 참회의 눈물을 흘리는
악어들이 의외로 많다.

남들에게 흐르는 눈물을 보이기 싫어
악어들은 비오는 날 홀로 운다.

내 늪에 사는 악어는 어둠을 뜯어먹고 산다. 마치 빵조각을 뜯어 먹듯 밤의 한모서리를 뜯어 먹는다. 보름달이 떠오르면 악어가 먹어 치우는 몇 톤의 빵. 밤은 내 늪에 사는 악어가 먹어 치우는 소중한 식량이다. 낮이면 꼼짝 않고 물가에 나와 젖은 몸을 말리고 다시 밤이 되기를 기다리는 슬픈 악어가 사는 늪.

vii 허구의 늪

나는 밤마다 일정한 양의 소설을 쓴다. 하루에 50장씩 허구의 세계를 맴돌다 나온다. 진실을 왜곡할 수 있는 권리가 내게 주어졌기 때문에 소설을 쓰는 동안 나는 행복하다. 그러나 내가 만들어 세우는 사상누각(砂上樓閣)에는 절대로 행복할 수 없는 사람들만 살고 있다. 늪에 빠져 허우적거리다가 현실로 돌아오지 못하고 좌절하면서 벽에 머리를 찧고 자해를 하거나 관음증 환자처럼 남의 사생활을 은밀히 들여다보거나 현실에서 이루지 못한 것을 소설 속에서 이루려고 발버둥 치곤 한다. 나는 그런 친구들과 시시덕거리며 밤을 새운다. 허구의 늪에는 그들이 마시다 버린 술병들이 뒹굴고 밤새 피워댄 담배꽁초가 즐비하다. 내 허구의 늪에는 늘 가시거리 1미터 미만의 안개가 끼어있다. 그 속에서 수런거리며 여기저기다 헛소문을 퍼트리는 허구의 친구들과 나는 그 속을 미로처럼 헤매다가 살아나와 대낮에 잠이 든다. 남들이 깨어 있을 때 나는 잠자고 남들이 잠들어 있을 때 나는 깨어 있다. 마치 부엉이처럼. 내가 사는 곳에는 곳곳마다 늪지대가 있고 소설 속 안개처럼 늘 앞이 막막한 절망만이 가득했다.

코뿔소

i

코뿔소는 약으로 쓰는
코뿔 때문에 생명을 잃는다.
단지 코뿔 때문에,
밀렵꾼들이 코뿔소를 죽이지 못하게
일부러 코의 뿔을 자른 코뿔소들이
평범한 들소처럼 살고 있는 초원
뿔을 앗긴 코뿔소처럼
나는 어슬렁거린다.

ii

코뿔소는 근시(近視)다.
멀리 바라 볼 수 없기에 돌진해
보니 앤 클라이드처럼
마지막 장면에서
장렬하게 죽는다.

iii

코뿔소는 명왕성을 사랑한다.

별이 뜬 밤이면
명왕성을 바라보며
엉엉 울곤 한다.
너무 멀리 있는 별을 사랑한
코뿔소.

멀리 있는
사랑은 아름답다.

iv

코뿔소의 송곳니는 부실하다.
연약한 풀잎을 먹고 사는 동물은
모두 송곳니가 부실하다.

들판에는 튼튼한 어금니를 지닌
코뿔소만 있다.

v

초콜릿이나 크래커를 파는

식료품 가게 너머
카페 테라스에는
두 개의 테이블과
8개의 낡은
목조의자(木造椅子)가 있다.

여름날 정오는 목마른 시간
이오네스코의 코뿔소는
벙커에서 권총으로 자살한
히틀러의 최후처럼
그렇게 맥없이 끝났다.

vi
네팔에 살고 있는 코뿔소는
아무도 거들떠보지 않는
트래비아 나무 열매를 좋아한다.
트래비아 나무 열매는
코뿔소 똥으로 배출돼
씨앗을 틔운다.

아무도 거들떠보지 않는 나무
트래비아.
오로지 코뿔소만이
좋아하는 나무
트래비아.

이빨은닉

i

풍치(風齒)로 빠져나간 이빨 양쪽 생니를 반쯤 갈아낸 뒤 브리지를 했다. 마치 한강 다리처럼 허공에 새롭게 틀니를 하고서야 비로소 곡물을 씹기 시작했다. 빈 곳은 건너뛰고 의치로 버티는 나이가 되었구나. 새로 자리 잡은 의치들의 힘으로 약간은 어색하지만 약간은 허전하지만, 약간은 쓸쓸하지만, 이제부터 그렇게 살아야 하는구나.

ii

하나씩 빠진 나의 이빨. 어느 시절 강건했던 송곳니와 어금니들을 나는 도처에 은닉하기 시작했다. 송곳니 하나는 낙산 의상대 홍련암 내려가는 길목 해당화 뿌리 밑에 숨겼다. 또 하나 어금니는 여수 돌산 향일암 봄이면 피보다 붉은 동백꽃이 뚝뚝 떨어지는 동백 고목 밑에 감추었다. 세 번째 이빨은 백두산 천지에 몰래 던졌다. 네 번째 이빨은 중국 절강성 주산시 보타산 앞바다에 던졌다. 그리고 나는 두 개의 이빨을 두 개를 더 은닉하고 있다. 하나는 한라산에 하나는 몽골 초원에 감출 예정이다. 내 몸을 이탈해 어두운 나무상자 속에 들어 있던 나의 이빨들은 천지 사방 곳곳에서 파랗게 다시 살아나리라. 나보다 먼저 내 몸을 떠난 나의 이빨들이 보석보다 더 빛나게 잇몸에 박혀있던 시간보다 더 영구히 천지사방에서 존재할 것이다.

iii

바람이 분다. 머리칼을 날리며 잉잉 댄다.
의치로 채운 빈자리는 늘 허전하다.

그렇게 듬성듬성 빠져 있는 삶의 자리로
바람은 스쳐 지나간다.

허허하다. 허허,

그리운 나의 별 명왕성

i

명왕성에는 지독한 사랑에 울고 있는 생물이 있다.

명왕성에는 단독주택에 살며
매일 한 권씩 책을 읽는 학자와
팔리지 않는 3류 소설을 쓰는 소설가와
한 달에 10병의 소주를 마시는 시인이 살고 있다.

명왕성에는 세 달에 한번 반드시 가랑비가 내린다.

명왕성에 사는 사람들의 주식으로
브로콜리와 오이를 먹고
매일 아침 푸른똥을 싼다.

그리운 나의 별 명왕성.

ii

내 친구 A는 일 년에 두 편 정도 앙상하고 깔끔한 시를 쓰는 시인. 끝끝내 평교사로 버티며, 강릉 초당의 오래된 아파트에 산다. 그의 집에서 강문 바다 까지는 걸어서 20분이고 밤이 되면 가장 선명하게 명왕성을 볼 수 있는 최적의 장소이다. 강문의 바다는 언제나 생생력이 있다. 그 바다에 명왕성의 기운이 스며 있기 때문이다. 나는 명왕성에 살고 있는 거주민과 교신을 하며 평교사 A가 살고 있는 강문 해변에서 접촉을 시도하지만 최근 번번이 실패하고 있다. 아마 평교사 A가 교감이나 교장이 아니라 그런지 모른다. 여하튼 나는 만일의 접촉을 대비해 명왕성 거주민들의 主食인 오이와 브로콜리를 준비하고 있다. 그리운 별 명왕성으로 완전히 이주하기 위해 내자는 꾸준히 주택부금을 부으며 내 연금을 일시불로 찾으라며 강력한 압력을 넣고 있다. 나는 그곳에 내자의 소원대로 우리 소유의 하늘을 확보한, 서재를 갖춘, 단독주택을 사고 금붕어 몇 마리를 기를 예정이다. 평교사 A는 이 사실을 모른다. 나는 평교사 A에게 강문에서 접촉을 시도하는 사람들이 해왕성 사람들이라고 이야기했다. 나는 절대 시인이며 평교사인 A와는 명왕성에 함께 가지는 않을 것이다. 그 역시 나와 같은 별에서 살고 싶어 하지는 않을 것이다.

iii

복고풍의 의상을 입고 , 낡은 구두를 신은 채식주의자들이 식물성의 꿈을 꾸는 나라, 그곳에 가면 누구나 평등하다. 종신 고용은 보장되지 않지만 시인들만은 예외(例外)로 종신(終身) 시를 쓸 수 있다. 시를 쓰고 있을 뿐 발표를 할 수 없는 곳 명왕성. 단 한 명의 평론가도 살 수 없는 곳 명왕성. 그리운 나의 별 명왕성.

iv

그리운 별로 떠나자
저마다 가슴 속에 수 천 개의 명왕성을 만들고
그 별에 가서 사과나무를 심자

아름다운 나의 별 명왕성
삶에 지치고 우울할 때
비타민 C 알약처럼
명왕성을 한 알씩 먹어보자.

그리하여 싱싱하게
오이나 브로콜리처럼 살아나자

조금은 모자란 듯 조금은 부족한 듯 한 2월에

i

2월의 바람은 늘 청량하다.

봄이 멀지 않았으나 아직은 겨울인 2월
2월에 쓰는 시는 늘 끝맺음이 없다.

2월 2일에 나는 이 땅에 태어났고
내가 거친 모든 학교를 2월에 졸업했고
89년 2월 28일, 2월 마지막 날
뒤늦은 결혼식을 올렸다.

약간은 모자라기에 적당한 달.
뭔가 아쉽고 완전하지 않기 때문에
당연히 부족하기에
불만이 없는 달 2월.

몇 년 뒤 2월 나는 환갑이 될 것이고
몇 년 뒤 2월 어김없이 정년퇴직을 할 것이다.

ii

2월에 딸들을 시집보내고 싶다.

조금은 모자란 듯
조금은 부족한 듯 살라고,

iii

마지막 나는 2월에 죽고 싶다.
부족한 듯 살다가 아쉽게 사라지려고.

2월의 시는 늘 뒤끝이 흐리다.

iv

내일부터 봄이다 봄은 그렇게 온다.
사람들은 내일 아침부터 가벼운 옷차림으로
치장을 바꿀 것이다.

봄의 시작은 반드시 휴일이다.

한 박자 쉬고 들어가는 유행가처럼
2월 28일 다음날 하루 쉬고, 봄은
비로소 시작된다.

V

추기(樞機)는 돌쩌귀다. 맞물려 있는 문을 열고
여닫는 문의 중심이다. 가끔 삐걱대는 소리에
잠든 하늘이 깨어난다.

사람들은 이승을 떠난
추기경의 검소한 장례를 보며
너나없이 그를 추모했다.

돌쩌귀의 삶을,
돌쩌귀의 직분을 버리고

그는 2월에 이승을 떠났다,

추기경(樞機卿)의 하늘

2월에 이승을 떠나는 사람은 행복하다.
하루라도 빨리 새달을 맞을 수 있으므로
사람들의 기억에서
며칠 더 빨리 지워질 수 있으므로

평범한 사람들의 주말 풍경

i

애국가로 시작되는 방영 시간부터
애국가로 끝나는 종영 시간까지
텔레비전을 보았다.

대한민국 전 국토에
겨울 가뭄을 풀어주는 비가
전국적으로 내렸다.

ii

담배 가게 앞에 서면
가끔 망설인다.

그 향기로운 유혹의 담배.
언젠가 그 유혹과 헤어지게 되겠지
치명적인 질병과 마주치게 되면
흐뭇한 식후, 커피 한 잔을 느긋하게 마신
그 뒤 끝의 행복한 여유를 빼앗기겠지

나는 망설이며
이번 주 휴일을 보낼 담배 두 갑을 샀다.

iii
이번 주말 나는 별다른 약속이 없다.
늦은 아침을 먹은 뒤
한 번 더 늘어지게 잠을 자고 나서
5월의 장미가 만발한 뚝방 길을
게으르게 걸으며
다음 주 일요일에 무엇을 해야하나
곰곰이 생각했다. 결론은
다음 주 일요일 역시 이번 주 일요일과
다름이 없을 것이란 점이다.

관목기(觀木記)

i 수양 벤자민 고무나무를 옮겨 심고
수양버들처럼 늘어지는 벤자민 고무나무를
집으로 옮겨왔다.
말라 죽은 가지들을 정리하다 문득 보았다.
수양버들처럼 늘어지는 고무나무 중
하늘로 치솟는 가지를
철사로 묶어 강제로 끌어내린 것을.

아 한 뿌리에서 뻗어난 가지들도
각각 다른 속성을 지녔구나.

밑으로 늘어지는 속성을 무시하고
하늘로 치솟는 가지가 있었구나.

밑으로 늘어지는 속성을 거부하며
하늘로 치솟던 당당한 기개.
그것을 강제로 끌어내린 인위적인 철사 줄의 힘.

철사 줄은 나무 가지의 살을 파고들어

속성을 거부한 가지를
고사 시키고야 말았구나.

벤자민 고무나무에서는 그동안 위로 치솟는 힘과
밑으로 끌어내리려는 힘이
서로 팽팽하게 대립하고 있었구나.

죽은가지를 전지가위로 자르고
살 속을 파고든 철사 줄을 끊어
위로 치솟는 힘과 아래로 끌어내리려는
힘의 대결을 끊어 버렸다.
이제 비로소 치솟던 힘도
끌어내리려는 힘도 사라지자
드디어 평화로운 수양 벤자민 고무나무
화분을 얻게 되었다.

ii 간단한 결론
화분에 담긴 식물이 죽는 이유는
단 두 가지뿐이다.

오랫동안 물을 주지 않았거나
너무 자주 물을 주었기 때문이다.

iii 공존 불가
금귤(金橘) 두 그루를 한 화분에 심었다.
태생이 다른 두 나무는 잠시 화목했으나
결국 한 그루는 이유 없이 죽고
한 그루만 살아남았다.
나무도 화분 하나 속에서 제 몫의 터전을
차지하려고 서로 다투다가
결국 힘 있는 한 그루만 살아남는구나
화분을 장악한 오직 한 그루의 금귤만
푸른 나뭇잎을 달고 있을 뿐
종내 열매를 맺지 않았다.

내가 소유한 찡깡을 달지도 못하는
그저 푸른 상록수 한 그루.

일상적, 습관적 행위

i
(어느 날 편지함을 열었을 때 수신된 메일이
하나도 없을 때의 막막한 절망)

매일 아침 나의 일과는 휴대폰의
수신 메시지를 확인하면서
어제 수신된 메시지를 지우거나 잠든 사이 들어온
문자메시지를 확인하며 시작된다.
마치 현관문을 열고 도착한 조간신문 읽듯
습관적으로 반복되는 아침

ii
한 달 간 의도적으로 컴퓨터도 끄고
휴대폰의 전원도 끈 채 지냈다.

언제나 누군가의 전화를
대기하며 신호가 울리면
즉각 받거나 혹시 그 타임을 놓쳤을 때
지체 없이 다시 전화를 걸어 확인하는

불안함.

한 달 간 나는 평화로웠다.
산간(山間)에 있는
고적함을 즐겼다.

그러나 행복은 단 한 달 뿐이었다.

iii

감색 줄무늬 양복 상의를 입은 날은 경쾌하다.
어깨에 걸린 옷의 무게도 적당하고
짙은 회색 양복 상의를 입은 날은
우울하다. 그날 남루한 삶의 무게로
내 구두의 뒤축은 더 깊게 닳아 간다.

난이란 풀잎을 보는 것만이 아니었구나

i

화요일 재활용 쓰레기를 내던 날 내자는 20층에 사는 젊은 여자가 내다 버린 난초(蘭草) 화분 다섯 개를 은밀히 들고 들어왔다. 겨우내 빈 난분을 베란다에 모아놓고 다섯 개의 난초를 더 가질 수 있다는 희망으로 우리는 흐뭇했다. 푸른 잎을 힘차게 뻗어 때가 되면 반드시 꽃대를 내밀고 난향을 터트려 주는 난초. 난분 다섯 개가 더 늘어나면 늘어난 난분(蘭盆)의 숫자만큼 마음이 부유할 것이라고 믿으며

ii

서울 근교 어딘들 꽃집이 없겠는가. 장암에도 있고 양재동에도 약진로에도, 봄이 되면 겨우내 죽여 버린 화초를 다시 구하기 위하여 사람들은 나설 테지만 우리 부부가 화초를 사러 굳이 종로 5가의 노상에 나가는 이유는 그 근처에 원조 닭 한 마리 칼국수 집과 연탄불에 구워주는 생선구이 집, 더러는 광장시장 좌판에 앉아, 아내는 새알심이 들은 팥죽을 먹고 나는 어김없이 소주 반 병에 순댓국을 먹을 수 있기 때문이

고 가끔 길 옆에 뜨내기로 나온 할머니 광주리에서 황새냉이를 사올 수도 있기 때문이다.

iii

값 비싸고 좋은 난초는 각각 제 이름이 붙은 명패를 당당히 붙이고 있다. 제주 한란이나 춘란 변종의 값은 부르는 게 값. 노상에서 난초 한 촉을 흥정하며 사람들은 목욕탕 의자에 앉아 꼼꼼하고 지루한 겨루기를 하고, 곁에 서서 훔쳐듣는 희귀품종 한 촉의 값은 시간강사 신현욱이나 안창현의 한 달 치 봉급에 가까웠다. 아, 난초는 난향을 즐기고 싱싱하고 강건한 이파리를 보는 화초가 아니었구나. 난초도 명품 시계처럼 제값이 따로 있었구나. 마사토와 난석을 고르고 꽃대는 솟았으되 뿌리가 부실한 보춘화 두 묶음에 오천 원, 가게를 접고 들어가려는 할머니 노점상에게 청월(靑月), 꽃대 세 개는 반듯하나 반점이 드문드문 박힌, 맑은 달이란 이름의 난초를 떨이로 만 오천 원에 샀다. 아. 쪽 팔리도다. 난향과 풀잎을 보며 즐기는 난초란 도대체 우리 집에만 있었구나.

유리컵 속의 향초

i

촛불은 어둠을 밝히며 눈뜨고 있는 동안 켜놓는 것만이 아니다. 큰딸이 독일에서 보낸 스웨덴제 향초는 라벤더 오일을 섞어 만든 것이다. 눈 뜨고 있는 동안 켜놓는 초가 아니라 잠들기 전 초를 켜고 잠에서 깨어나 촛불을 끄는, 내가 잠든 사이 촛불은 제 홀로 타며 내 숙면의 잠 속을 밝힌다.

ii

초 하나를 켜 두고 소멸의 시간을 즐기리.
스스로 사람들의 기억에서 지워지기를 바라며
은둔하리 가까이 있지 않으면 시나브로 잊히는 법

풀. 풀. 풀 꽃잎이 떨어지면 꽃들은 그 순간부터
사람들의 기억에서 깨끗하게 지워지지만 오히려
아름찬 열매가 맺히리니 소멸하는 것은
스스로에게 자유로워지는 것

촛불 하나의 소멸.

사람들의 기억 속에서 사라짐으로
나 스스로에게 더욱 자유스러워지리

iii
향초 유리컵에 불을 켜고 하루 동안
한가롭게 낮잠을 잤다.
한가롭게 주말 상투적 대사뿐인
주말 연속극을 보았다.
한가롭게 잘 정비된 수변공원을 산책을 했다.
아무 생각 없이 하루를 의미 없이 소비하며
향초를 태웠다.
촛불이 소진하는 하루만큼
우리는 향기롭게 늙어갔다.

산은 오만한 자에게 가슴을 열지 않는다

-한국의 여성 산악인 두 명이 히말라야 산맥의 14개 고봉을 오른 최초의 여성 산악인이 되기 위해 경쟁을 시작했다. 그 중 한명은 산에서 죽었고 나머지 여성은 마지막 산 안나푸르나를 정복하기 위해 두 번의 정상공격을 했지만 실패, 하산했다. 그녀는 2010년도 봄 다시 자신을 끝내 허락하지 않았던 그 산에 다시 오르겠다고 했다.

i

산은 오만한 자에게 가슴을 열지 않는다.
사람들은 높은 산을 오르며
스스로 산을 정복했다 말하지만
그들은 잠시 산의 정상에
머물다 내려 올 뿐이다.

ii

히말라야 산맥에는 열 네 개의 고봉이 있다.
칸첸중가 K2 에베레스트 안나푸르나……
그 산들은 오래 전 바다 밑에 있다가

홀연히 지상으로 솟구쳐 올라
인간 능력 밖에 서 있다.
사람들은 그 산을 경외(敬畏)했다.
경외. 산들은 경외 받아야 할 존재가 아니다.
산들은 그 자리를 지키며 존재할 뿐

iii
히말라야 소금 캐러밴들은
고산 너머 마을 사람에게
소금을 팔기 위해 산을 넘는다.
그들은 생계를 위해 소금을 팔고
그 소금을 사는 사람들은 역시
생존을 위해 고귀하게 소금을 산다.
산을 넘어야 할 이유가 분명하기에
그들은 산을 넘는다.

티벳 사람은 달라이 라마가 있는
다람살라를 찾아가기 위해
죽음을 무릅쓰고 산을 넘는다.

그들이 산을 넘는 이유는 당당하고 정당하다.

iv

히말라야 산맥 열네 개 고봉을
기를 쓰고 오르는 자여
그대가 산에 오르는 명분이 무엇인가

셰르파들은 생계를 위해 산을 오른다

셰르파 텐징 노르게이와 다와옹추에게

i

셰르파는 동쪽에 온 사람이란 뜻이다.
히말라야 열네 개 봉우리 정상을 정복한
위대한 등반가들 중 자기 혼자서
정상에 오른 사람은 아무도 없다.

(최근 14개의 봉우리를 경쟁적으로 정복하기 위해 산을 오르는 한국 여성 산악인 옆에 그림자처럼 셰르파 다와옹추가 있었다. 1953년 처음으로 에베레스트를 오른 에드먼드 힐러리 옆에도 셰르파 텐징 노르게이가 있었다. 어떤 이는 최초로 에베레스트를 오른 사람으로 역사에 남았고 어떤 이는 히말라야 14좌를 최초로 완등한 여성 산악인으로 역사에 남을 것이다. 그러나 셰르파들은 여전히 다른 원정대의 산길을 안내했다.)

ii

누군가는 명예를 위해 산을 오르지만
셰르파들은 생계를 위해 산을 오른다.
다음 번 누군가와 산에 오를 때까지

죽음을 전제로 한 대가로 받은 돈을
다 쓸 때까지 행복할 것이다.

iii
마라톤을 하는 마라토너 옆에는 그를 도우며
뛰다가 결승선 바로 앞에서 즐겁게 승리를
포기하는 페이스메이커가 있고
고산의 봉우리를 정복한
위대한 정복자 옆에는 반드시
산악 정복사에서 스스로 지우는 셰르파들이 있다.

오늘부터 나는 나 스스로 누군가의
셰르파 텐징 노르게이거나 다와옹추가
되기로 했다.

고죽향(孤竹香)

채상묵 형의 춤 인생(舞歷) 50년에 부쳐

i

나는 한 그루 외로운 대나무라오
아무도 관심을 기우리지 않는
한적한 산기슭에
누구도 돌보지 않는
작은 연못가에
홀로 서 있는 대나무라오

바람이 불면 부는 대로 서걱이며 잎새를 부비고
비가 오면 오는 대로 비를 맞고 있었소.

누구도 눈길도 가지 않았던 외로운 대나무
봄날 꽃피고 녹음이 우거진 여름 숲속에서
나는 빗대어 보잘 것 없는 존재였다오.

ii

아름다운 꽃이야 지고 말면 그 뿐
푸른 숲의 나뭇잎도 낙엽지면 그뿐
쓸쓸한 가을이오면

해 저물어 밤이 되면
모든 것이 사라져 적막한 겨울이 되면
나는 비로소 나의 모습을 드러내리니

나 홀로 외로이 그 자리 그곳을 지키며
모진 비바람을 견디어 왔으니
꽃도 지고 나뭇잎도 모두 떨어진 숲속에서
오직 청청하게 나를 드러내리니

iii
나는 대나무라오 사철 푸른 대나무라오
나는 당당하다오. 나는 떳떳하다오.
오직 내 자리를 지켰으므로
오직 내 갈 길을 올곧게 걸어 왔기에
내 비록 부와 명예를 잃었을지 몰라도
가난한 예인의 올곧음을 잃지 않았음으로
나는 당당하다오. 나는 떳떳하다오.

나는 대나무라오 사철 푸른 대나무라오

흰 눈밭에 홀로 푸른
향기로운 대나무라오

iv

허울을 버리고 허례를 버리고 나야
일렁이는 바다가 보이지.
나를 버리고 내 맘의 욕심을 버려야
진정한 내가 보이지
거울 앞에선 그대는 누구인가
바람과 바다와
푸른 하늘을 사랑한 그대는 누구인가

v

나는 비갠 뒷날 청명한 하늘이라오.
나는 대숲에 부는 바람이라오.
스치고 지나는 것들을
흔들어 살아 있게 하는 보이지 않는 힘이라오.

vi

내가 지나온 길 아득한 흔적
뒤 돌아 보면 아무것도 없는
그 길.
나는 무심한 바람이었다오.
지나가며 한번 옷깃을 스친 인연이사
마음 깊이 새겨 두지마소
흘깃 눈길을 둔 길섶의 꽃처럼 슬쩍
아름다운 향기만 남겨두고 가리니
그대여 나는 바람이라오.
그대여 나는 바람이라오.

vii

내 사랑 그대여 가까이 오게나.
나는 향기로운 그대의 숨결에 홀려
나는 도도한 그대 눈길에 홀려
나는 은밀한 그대의 추파에 홀려
무르녹아 버렸다네.
내 사랑 그대여 가까이 오게나.
저만치 가게나 뒤태를 보세

조금 조금 가까이 조금 조금 더 멀리
오늘 우리 사랑은 혹여 꿈길 속 아닌가.
오늘 우리 사랑은 혹여 신기루 아닌가.
그대여 내 사랑 그대여
눈 한번 스쳐도 살갗이 저리고
손길 한번 닿아도 내 가슴 일렁이는 파도
그대는 아는가. 애절한 내 맘을
조금 조금 가까이 조금 조금 더 멀리
오늘 우리 사랑은 혹여 꿈길 속 아닌가.
오늘 우리 사랑은 혹여 신기루 아닌가.

viii
그대 가는 길에 꽃잎을 흩뿌리네.
넋전을 흔들어 그대 앞길에 장애를
지우네. 환한 길로 향하여
걸음걸음 나서시게
막힘도 없고 지체도 없다네.
그대 가시는 길.
어둠이 있으면 등불을 밝히고

아득한 안개 속이라면
내 손을 잡게나.
나는 그대의 어둠을 밝히는 등불이라네.
나는 그대의 앞길을 인도하는 손길이라네.
자 우리 가세 함께 떠나세
나 그대위해 먼 길 함께 하리니
무엇이 두려우랴 무엇이 무서우랴
걸음걸음 함께 가세
걸음걸음 함께 가세

ix

그저 공중 무심하게 돌아 나오는 흰 깁의
잠시 허공을 휘감아내는 아름다운 선율
정(靜)으로 동(動)으로 그리고 명주 수건 하나로
나는 구름 속을 걷고 있다오
나는 하늘 위를 날고 있다오
때로는 새털처럼 가볍게 내 몸의 무게를 버리고
때로는 바위처럼 무겁게 호흡을 묶고
나는 이미 새가 되었소.

나는 이미 나비가 되었소.
내 맑은 영혼이 내 몸을 빠져나와
바람인 듯 새인 듯
나는 구름 속을 걷고 있다오
나는 하늘 위를 날고 있다오

x

나는 휘어질지언정 부러지지 않았소.
나는 내게 주어진 혜택을 위해
손쉽게 타협하지 않았소.
나는 내게 주어진 아픔을 내 스스로 감내했소.
나는 명예를 탐하지 않았소.
나는 명예를 위해 남을 해코지 하지 않았소.
내 몫의 책임 내 몫의 책무 내 몫의 의무
내 몫의 아픔. 내 몫의 서러움 내 몫의 절망
가슴을 열고 새 세상을 맞으라.
하늘을 울려 밝은 햇살을 뿌리라
북을 울려라 마음의 근심을 털어버려라
북을 울려라 그대 근심을 날려 버려라

점점 더 세게 점점 더 강하게

xi

나는 아픔을 견디며 조금씩 휘어진 대나무라오
나는 휘어진 허리로 이렇게 어렵게 버텨냈다오.
나는 비굴하지 하지 않았다오.
나는 내가 선택한 나의 길을 바꾸지 않았다오.
내가 사랑한 사람들을 배신하지 않았다오.
스스로 감내하며 스스로 위로하며
스스로 치유하며 스스로 다독거리며
나는 휘어져 있어도 푸르름을 잃지 않았다오.
나는 혹독한 추위에도 당당함을 잃지 않았다오.
내 몫의 책임 내 몫의 책무 내 몫의 의무
내 몫의 아픔. 내 몫의 서러움 내 몫의 절망
아 나는 아픔을 견디며 조금씩 휘어진 대나무라오
세한고절 푸른 대나무라오

xii

아 그렇게 너그러워라

아 그렇게 넉넉하라
싱그러운 5월 모란꽃 피어나듯
아름찬 가을에 국화꽃 피어나듯
그렇게 넉넉하다 그렇게 풍요로워라
그대여 내손을 잡게나. 내가 그대와
알찬 열음을 나누리니
내 몫의 절반을 그대에게 나누어 주리니
나눔과 베풂.
아 그렇게 넉넉하게 아 그렇게 풍요롭게
내 가슴을 열어 그대를 맞으리니
활짝 핀 꽃처럼 그대여
환하게 웃으며 내게로 오라
그대여 황금의 열매를 함께 거두세나

xiii
얼굴을 가리고 고개를 숙인 그대는 누구인가
묵묵히 한길을 걷고 있는 그대는 누구인가
삶이란 한갓 물거품 같은 것
하많은 설음이사 그저 하루 낮의 백일몽인 것을

무엇이 그대의 발길을 잡는가.
무엇이 그대 가슴에 상처를 남기는가.
촛불 하나 밝히고 향 한 촉을 사르며
고적한 이 밤 내심의 바다를 열어
가슴속 한을 사르라 가슴속 어혈을 삭히라
내 그대위해 춤을 추리니
나 그대위해 북을 치리니
그대여 내가 여는 새 누리에 맘을 깃들라
그대여 내가 여는 새 누리에 지친 몸을 맡기라

xiv

가슴을 열고 새 세상을 맞으라.
하늘을 울려 밝은 햇살을 뿌리라
북을 울려라 마음의 근심을 털어버려라
북을 울려라 그대 근심을 날려 버려라
점점 더 세게 점점 더 강하게
수 천 마리의 새를 공중에 날리리니
수 천 개의 풍선을 공중에 날리리니
점점 더 세게 점점 더 강하게

북을 울려라 천지를 진동시켜라
내 속의 묵어있는 원한이여 사라져라
내 속에 응어리진 앙심이여 사라져라

그렇게 모든 것을 털어버리고
그렇게 모든 것을 날려버리고
아 이제는 허허실실(虛虛實實)
나는 속을 비운 청죽(靑竹)이라오
나는 대숲에 부는 맑은 바람이라오.

숲

i

내가 아침마다 걷는 숲에는 여러 마리 콩새와 음흉한 그늘이 숨겨져 있다. 나는 그 숲의 음흉한 그늘을 특히 사랑한다. 좀처럼 속내를 드러내지 않는, 침묵으로 모든 것을 대변하는 그 그늘에서 나는 자주 쉬곤 한다. 은밀하게 숲속의 그늘에서 나는 몇몇 도륙을 낼 인물들을 찾고 있다.

졸참나무와 갈참나무 그리고 작살나무로 무성한 숲에서 작살나무는 가장 왕성한 식생이다. 나는 작살나무 등걸에 날카로운 칼로 빗금을 그으며 내 마음에 상처를 낸 몇몇 인물들을 작살 낼 계획을 세운다. 밤을 새우고 난 다음날 아침의 작살나무는 유난히 살기등등하다.

ii

숲의 힘은 그늘에 있다. 버섯들이 은밀하게 자라나는 내 숲의 그늘. 버섯의 포자들이 음험하게 파고 들어와 자리를 잡고 있다. 버섯은 어둠의 힘으로 자란다. 어둠이 싹을 먹으며 시나브로 제 몸을 키우며 독기를 만들고 있다. 숲은 하늘을 가리고 가려진 하늘은 그늘을 만든다. 모종의 음모처럼 그늘에서 버섯의 힘은 길러지고 있다. 사람들이 관심을 가지지 않는 곳마다 그늘이 있다. 그늘마다 독기를 품은 버섯이 자란다. 겉모양이 유순한 버섯일수록 반드시 맹독이 있다.

내 소설의 주인공 K

i

내가 최근 구상하고 있는 3류 소설의 주인공 K는 경기도 신도시에 사는 평범한 주민이다. 그는 절대로 내연의 여인을 가지고 있지 않으며 중국 펀드에 가입한 적도 없고, 은행대출을 받아 부동산에 투자한 적도 없다. 그의 자녀는 특수목적 고등학교에 진학하려 하지 않을 뿐만 아니라 조기유학을 꿈꾸지 않는다, 주인공 K의 직장은 비교적 안정된 곳이며 세전 연봉이 7천만 원에 가깝다. 그는 부모님을 부양하고 있지 않으며 상속 받을 재산도 없다. 그는 병역을 기피한 적도 없다. 최근 그는 매정하게 담배를 끊었고 노후를 대비해 개인연금을 붓기 시작했다. 그가 좋아 하는 음식은 삼겹살이며 반드시 상추와 함께 쌈을 싸서 먹는다. 그는 다음 달 쯤 부장으로 승진하게 될 것이며 차를 중형으로 바꿀 예정에 있다.

(아 나는 또 다시 전혀 팔리지 않을 소설을 구상하며 있는 것인가.)

3류 소설가의 평범한 플롯의 평범한 주인공 K. 절대 내 소설을 베스트셀러로 만들지 못할게 분명했다.

그럼에도 불구하고 나는 주인공 K를 적극적으로 밀며 그의 꿈과 그가 그 삶에서 탈출할 수 있는 모든 방법을 강구하고 있다. 내 소설의 주인공 K. 나는 그를 믿는다.

ii

내 소설의 주인공 K는 평범한 일상을 탈출하기 위해 몇 가지의 시도를 했다. 끊었던 담배를 다시 피우기 시작했고, 골프를 배우기 시작했다. 내연의 여인을 찾기 위해 아내 몰래 다각적인 방법을 모색하기 시작했으며 아이들은 고액과외를 시작했다. 평범한 소설의 주인공 K의 변신은 무죄이다. 그는 지금까지 너무나 순종적으로 살아왔고 평소 그의 아내는 그런 K를 무능하다고 질책했다. 주인공 K의 자녀들은 드디어 엄마 친구의 아들이나 엄마 친구의 딸들과 무한 경쟁을 시작했다. 변신을 시작한 K 때문에 내 소설은 정말로 팔리지 못할 3류가 되고야 말았다.

드라마의 법칙

i

대부분 막장 드라마 드라마는 아래 지침을 따른다.

주인공 A는 언제나 버림 받아졌거나 신분이 천한 출신이고 여자 주인공 B는 상대적으로 부유한 집 출신이라야 한다. 이들 둘은 서로 사랑하지만 절대 결합 할 수 없다. 남자 주인공 A는 반드시 배신당해야 하며 여자 주인공은 자신과 대등하거나 우월한 남자 C와 결합한다. 복수극이 시작된다. 어디선가 혜성처럼 나타난 독지가가 있거나 비즈니스 엔젤이 나타나 주인공 A를 후원하고 그는 반드시 B와 C의 결합의 고리를 부수기 위해 여주인공 B 거나 C의 여동생 D와 의도적으로 결합하여 사랑의 보복을 이루어낸다. 아니면 경제적으로 B의 기업을 인수 합병하거나 도산시킴으로서 장쾌한 보복에 성공한다.

ii

그러나 A는 B에게 사랑의 문제에서 자유롭지 못하고 D와의 관계에서는 의도적으로 결합했으되 철저한 무관심으로 일관한다. B를 소유할 수 없었으나 B를 사랑한다, D는 또다시 A에게 보복을 시도하고 C의 파멸을 기도한다. 런데 A와 C는 이복형제일 수도 있다. D역시 B의 여동생일 수도 있다. 에밀리 브론테나 김수현이나 또 다른 막장 작가라도 이 드라마의 법칙에서 자유롭지 못하다.

iii

아아 그렇다 복수도 배신도 인생의 굴곡도 복선도 어디선가 나타나 우리의 뒷배를 봐 줄 비즈니스 엔젤이나 미국에 사는 친척도 없고 내가 모르게 남겨진 조상의 유산도 없는 우리는 무엇인가.

05 »»

그리운 사람들에게

사모곡(思母曲) 1

그늘

그늘은 나무가 만든다.

가지를 뻗어내고 잎새를 펼쳐 햇살을 막아내는
노역은 온전히 나무 한 그루의 몫이다.

우리는 큰 나무가 만든
가지에 앉거나 둥지에 깃들어 잠자거나
서늘한 그늘 아래서 그저 즐겁게 노래하는
책임 없는 한 마리 새였다.

스스로 열매를 맺지 않고
매년 무성하게 잎만 달아 온
나무 한그루의 그늘에서 우리는
너무 오랜 시간 나무를 달콤하게 쉬곤 했다.

그늘을 나무가 만든다는 사실을 잊고.

사모곡(思母曲) 2

하늘 새

하늘을 날기 위해 새들은 가능한
모든 무게를 줄인다.

새들은 날기 위해 제가 가지고 있는
모든 것을 버린다.

곡기를 끊고 단지 물만 마시며
하늘로 날아오르기 위해
하루하루 시간을 기다리다
홀연히 새가 된 어머니.

어느 날 아내의 꿈속에 나타나
힘들고 지친 날개를 잠시 쉬고 기력을 되찾아
먼 하늘로 날아간 어머니.

새들은 멀리 날기 위해
제가 가지고 있는 모든 것을 버린다.

사모곡(思母曲) 3

샘

샘은 목마른 이를 위해 언제나 물을 내어준다.

그 산 속 샘터에 가면 항상 맑은 물이 가득했고
샘터에서 갈증을 풀고 사람들은 홀연히
자리를 떠나지만 샘은
목마른 사람이 다시 올 때까지
넘쳐 나는 가슴의 물을
조금씩 흘려보내며 묵묵히 기다렸다,

목이 마를 때 언제나 찾아가 해갈할 수 있는
샘 하나를 남몰래 가지고
있다는 것은 얼마나 행복한가.

이제 그 산속 샘터
흘러넘치던 물길은 마르고
사람의 발길이 끊겼으니,
우린 어디에 가서
맑은 물을 마시나

산속 깊은 곳 마른 샘가에서
우리는 하염없이 목이 마르다.

사모곡(思母曲) 4

별

가까이에서 바라보면 휘황하겠지만
아득히 멀리 있기에 느끼지 못하던
별빛처럼,

공기나 물, 늘 밥상에 오르는 흰 쌀밥처럼

귀하거나 아쉽지 않았던 것이,
늘 가까이 있어 너무나 당연한 것이
사무치게 그리워지는 밤

오늘도 멀고 아득한 곳에
총명한 별 하나가 다시 돋아 오르지만
우리가 지상의 불을 끄지 않았기에
눈으로 확인할 수 없는 어머니의 별.

사모곡(思母曲) 5

새봄

개나리가 필 때면 어머니는 어김없이
묵은 간장을 달이셨다.

우리 집을 시작으로 골목의 집들은
모두다 간장을 달이기 시작했고
개나리가 흐드러진 새봄이 비로소 시작되었다.

올 봄, 늘 간장을 달이시던
어머니가 떠나신 첫 봄

단물이 다 빠진 질긴 껌처럼
올 봄은 그렇게 밋밋했다.

얗은 주전자에 끓고 있는 맹물처럼
뜨겁긴 하지만 얼마 안가 열이 식으면
다시 그 맛이 그 맛인 맹물처럼
올 봄은 그렇게 밋밋했다.

사모곡(思母曲) 6

알찬 열매

대추나무의 새순은 참 늦게 돋는다.
저 먼저 핀 다른 나무들이 꽃을 피우고
허무하게 꽃이 질 때 비로소 새순을 내민다.

서둘러 봄을 맞은 매화나
흔연히 꽃을 피우고 처참하게 누추한 꽃잎을
떨구는 목련이 지고, 꽃비를 흩뿌리며
벚꽃이 지고 나야 대추나무는 비로소 새순을 내민다.

앞서가지 않고 한 걸음 늦게
서두르지 않고 한 템포 늦게
화려한 꽃을 피우지도 않고 그저 수수하게
그렇게 대추나무는 한해살이를 꾸려 나간다.

그러나 결국 알찬 열매는 대추나무의 것이다.
마지막으로 가지가 휘어지게 열매를 매달고
지상의 사람들을 위해 열매를 떨구어 준다.
대추나무는 겸손하다. 한 걸음 늦게, 한 템포 늦게,
그러나 알차다.

사모곡(思母曲) 7

여운(餘韻)

해가 지고나면 하늘에 석양이 남는다. 얼마동안
아름답게 져버린 해의 흔적을 눈 아리게 바라본다.
음악이 끝나도 귓가의 소리가 지워져도
가슴에 울림은 남는다. 아련한 여운.
맛깔 난 음식을 먹고 난 뒤 혀끝에 맴도는 감칠맛.
아름다운 흔적. 잔잔한 울림. 아련한 감칠맛.
어머니가 남기고 떠가신 것들의 여운이 길다.

사모곡(思母曲) 8

미소

아름다운 기억만 남기고 간다는 것은
얼마나 어려우랴
돌이켜 생각하면 흐뭇한 미소가 번지는

아무것도 가져갈 수 없는 길.
뒷사람에게 부담도 빚도 남기지 않고
빈손으로 가기란 얼마나 어려우랴
빈 뜨락에 밤새 흩어진 별빛을 비질하듯,
너무나 말끔해서 오히려 적막한 뒤 끝
오늘밤 유난히 바람이 차다.

사모곡(思母曲) 9

움파국

인생에서 가장 중요한 시험 있는 아침이면
어머니는 움파를 다듬어 파국을 끓이셨다.
쇠고기 양지머리와 대파만으로 끓인
국한그릇을 맛있게 먹고 난 뒤
열아홉의 나는 대입 예비고사를 돌파했고
그 뒤 차례차례 대학과 대학원에 입학했다.
움파국 한 그릇의 든든한 무장(武裝)
움파의 달고 연은 맛으로
머리를 맑게
생각을 정(靜)하게 트여 준 파국,
어머니의 파국이 못내 그리운 날.
움파의 노란 싹이 유독 알큰한
겨울의 중반.

사모곡(思母曲) 10

중간계(中間界)에서 날린 종이비행기

호랑가시나무 숲을 지나면 작은 늪이 나온다. 나는 톨킨의 중간계에 가끔 들러 놀다 나오곤 한다. 사람들은 절대반지 복제품 하나를 내가 가지고 있다는 사실을 모른다. 내가 또 한 번 힘들게 정복할 세계가 있는 것은 아니지만 중간계의 어둠을 나는 싫어한다. 가끔씩 들러보는 J.J.R. 톨킨의 중간계에서 나는 토끼고기 스프를 먹고 나서 맛있게 담배 한대를 피고 올 뿐이다.

누구든 자기가 짊어진 삶의 무게가 힘들어 질 때 잠시 도망가서 있고 싶은 중간계가 있다. 나에게는 백두산 밑 연길이 현실속의 중간계다. 그곳에 오면 호랑가시나무 숲은 없지만 내 사십대의 꿈이 그대로 살아있기 때문이다. 명백하게 중국이며 동시에 한국인 중간계.

(나는 가끔 J.J.R. 톨킨을 불쌍하게 생각한다. 갈 수 없는 상상의 중간계를 창조했을 뿐 나처럼 불쑥 찾아가 토끼고기 스프를 먹거나 맛있게 담배를 피우고 현실세계로 돌아 올 수 없었기 때문이다.)

20년 동안 나는 나의 중간계를 사랑했다. 그곳의 사람들과 부단히 소통하고 그곳의 사람들과 부단히 교감했다. 나의 배려를 배신한 사람들은 이미 연길을 떠났고 이제는 내가 사랑하는 사람들만 연길에 남아 있다. 나는 내일 절대반지를 은밀히 끼고 자작나무 숲을 지나 침엽수림을 사스레 나무가 바람의 힘에 휘어진 화산 분출구를 향해 떠날 것이다.

몇 년 전 어금니 하나를 뽑아 던진 하늘연못에 가서 종이비행기를 하나 날릴 것이다. 작년 돌아가신 어머니의 고향, 평양 쪽을 향해서.

“별일 없으시지요.”

“고향 하늘로 잘 가셨지요.”

사모곡(思母曲) 11

멀리 그리고 높이 나는 새, 알바트로스

i

내자(內子) 조순임의 꿈은 신통(神通)하다. 꿈 해몽 사전에도 나오지 않는 뜻밖의 사물들을 불쑥 꿈꾼다. 내자(內子) 조순임의 꿈에 나타난 알바트로스. 몸 전체가 흰 색이고 날개깃은 검으며 거대한 분홍색 부리를 가진, 몸길이는 91cm, 날개가 2~3.5m. 날아다니는 새 중 가장 큰 새. 한 마리의 짝과 평생을 함께하는 새. 길고 폭이 좁은 날개를 펴고 바다 표면에 생기는 풍속차를 이용해 날아오르며 날개를 펄럭이지 않은 채 어떤 새보다 멀리 그리고 높이 나는 새. 알바트로스.

ii

"저는 이 새(신천옹)가 좋습니다. 신천옹(信天翁)이라 이름한 이유는 이 놈이 날기는 잘해 태평양의 제왕이라는 말을 들으면서도 고기를 잡을 줄은 몰라서 갈매기란 놈이 잡아먹다가 이따금 흘리는 것을 얻어먹고 살기 때문입니다. 그래 일본 사람은 그 새를 바보새라고 합니다. 제가 좋아하는 이유는 이 바보새란 이름 때문입니다. 어쩌면 제 사는 꼴도 바보새 같다 할 수 있습니다. 마음은 푸른 하늘에 가 있으면서 밥벌이할 줄은 몰라 여든이 다 되어 오는 오늘까지 친구들의 호의로 살아가니 바보새 아닙니까?”

이것은 우리나라 유일한 퀘이커교도 함석헌옹의 말이다. 옹(翁)은 알바트로스의 동양식 이름인 신천옹과 같은 옹(翁)이라서 그 새를 좋아 했을까? 과연 알바트로스는 바보새인가? 알바트로스는 지상에 내려앉으면 큰 날개가 오히려 장애물이 되어 걷는 모양새가 우스꽝스럽고 사람을 겁내지 않는 온순한 특성 탓에 선원들은 알바트로스를 ‘바보갈매기’라 불렀다고 한다. 그래서 바보새인가. 그리고 신천옹과 알바트로스는 같은 새인가 ?

“온종일 물가에 우두커니 서서, 먹이는 구하지 않고 앞에 지나가는 고기만 쪼아 먹는 새가 있는데, 이것이 신천옹(信天翁) 또는 청장(靑莊)이라는 물새다.”

연암 박지원은 이덕무의 행장에서 신천옹의 새의

존재를 드러냈다. 이덕무의 호가 청장관인데 그 연유를 든 것이다. 그의 역작 청장관고(靑莊館稿) 즉 청장관전서는 이렇게 붙여진 이름이다. 그런데 어찌 그 새가 바보새인가. 그리고 신천옹은 가만히 물가에서 제 앞에 오는 고기만을 잡는 의연한 새다. 날개를 펄럭이지 않은 채 어떤 새보다 멀리 그리고 높이 나는 새가 아니다. 그러므로 신천옹이 알바트로스 일 수는 없다.

영국 남극연구소의 존 크록셀 박사팀이 과학 전문지 사이언스에 발표한 연구 결과에 따르면 회색머리 신천옹은 46일 동안 1만3천 마일을 날아 지구를 한 바퀴 도는 것으로 드러났다. 크록셀 박사팀이 회색머리 신천옹 22마리의 다리에 비행경로 기록 장치를 장착해 관찰한 결과 절반 이상이 남위 30도 이남 바다를 따라 지구를 완전히 일주하였고 이 중 한 마리는 18개월 동안 지구를 3바퀴나 돌았으며 또 다른 한 마리는 46일 동안 1만3천 마일이나 비행했다고 한다. 그러니 신천옹이 바보새라는 말도 알바트로스와 같은 새라는 것도 분명히 틀린 말이다.

iii

1970년대 초 아마추어 박물학자 등으로 구성된 연구팀이 오징어잡이 그물에 걸린 알바트로스 숫자가 줄어드는 것에 대한 본격적인 연구를 시작했다. 24종 가운데 21종의 숫자가 줄어들고 그 중 몇 종은 멸종 위기를 맞고 있었다. 그런데 또 다른 아마추어 박물학자의 호기심으로 그 원인이 밝혀졌다. 태즈메이니아 남쪽 해상에서 일본어선에 탈 기회를 얻은 그는 알바트로스들이 강철 낚시 바늘에 미끼로 끼인 생선토막과 오징어를 먹기 위해 급강하, 낚시 바늘을 삼키고는 결국 물속에서 죽는 것을 확인했다. 남반구 바다에서 매년 이렇게 던져지는 낚시 바늘이 1억8,000만개, 이 바늘을 삼키고 죽는 알바트로스는 약 4만4,000마리. 알바스트로스는 이미 1962년에 국제보호조로 지정되었다.

iv

봄볕이 환하게 퍼진 어느 휴일 아주 좋은 하동 녹차 한 잔을 우려 놓고 우리 내외가 흐뭇하게 시간을 흘리며 멸종 위기의 알바트로스를 찍은 텔레비전 자연 다큐를 보고 있는데 아 저 새. 저 새. 그제야 아내 조순임은 어머니가 돌아가신 뒷날 꿈 이야기를 했다. 혼자 어머니의 임종을 지켜본 아내는 영안실로 자리를 옮긴 그날 밤. 영안실 곁 소파에서 새우잠을 자다가 꿈에 지친 새 한마리가 자기에게 날아와 어깨위에서 한동안 쉬면서 건네주는 모이를 먹고 나더니 그제야 힘을 찾아 훨훨 날라 갔다는 것. 화면에 나오는 멸종위기의 새, 알바트로스.

V

어머니는 새가 되어 이승을 떠나셨구나.
알바트로스. 혼자서 임종을 지킨
며느리의 꿈에서 잠시 쉬다가
어떤 새보다 멀리 그리고 높이 나는 새가 되어
홀연히 먼 나라로 떠나셨구나 어머니의 새,
알바트로스.

모과

과반에 담아 놓은 모과가 향기롭게 썩어 가고 있었다.
모과 향기가 실내에 가득한 밤 나는 구상 선생님의
자전시문집을 꺼내 밤새 읽었다,
한 시인의 삶이 파노라마처럼 펼쳐지고
쇳소리가 가랑가랑 섞인 선생님의 말씀이
행간 사이에서 들리는 듯했다.
모과 옹두리에도 사연이……
눈으로 읽는 활자에서 선생님의 목소리가 들리는
가랑가랑 선생님의 쇳소리가 들리는 밤.
활자 한자 한자에
과반에 담긴 모과 향기가 났다.

날로 새롭게 더욱 더 새롭게

박찬 형에게

절망의 끝에는 푸른 바다가 있고
그 바다 갯가 바위에 밤새 제 몸을 박살내며
깨져나가고 있는 파도가 있지
그러나 하룻밤을 지나면 언제 그랬냐는 듯
새살처럼 일렁이는 너울과.
검은 대궁에서 초록의 오기를,
한랭한 들판을 향해
청청(靑靑)한 희망의 칼날을
내밀고 있는 오죽을 만나지.
(형. 일어나. 힘들겠지만 묵묵히 발자국을 떼면서 동해로 나가봐 절망의 끝에서 새롭게 일렁이는 바다를, 오기의 칼날을 파랗게 세우고 한랭한 들판의 바람과 당당하게 겨루는 오죽(烏竹)을 찾아내 봐)
그 바다에 서면 우린
반드시 날로 새롭게 더욱 더 새롭게
다시 살아나고
그 바다에 서면
우린 반드시 청청한 희망의 여명을 만날 수 있지

석별(惜別)

시인 박찬을 보내며

남녘땅 늙은 매화등걸에 툭툭 튀밥처럼
꽃망울이 터져 나오는 그곳으로
그렇게 문득 가셨구려.
마치 떠날 날을 미리 알았다는 듯
깨끗하게 주변을 지우고
홀연히, 평소 그 많던 잔정 하나 남기지 않고
떠나셨구려.
바람이 불면 바람결에
안개가 끼면 안개 속에
문득 전화벨을 울리며
타클라마칸으로 떠나자고
그 막막한 사막으로 다시 나서자고
별들이 청청한 파미르고원으로
떠나자고 언제나
밝은 목소리가 울릴 듯도 한데
아득하게 먼 곳으로 홀로 가셨구려.
툭툭 매화꽃이 피는 무렵
아련한 시 몇 편을 이 땅에 남기고
사람들의 가슴에 쇠못 같은 아쉬움을 남기고

혼자 서둘러 조용한 나라로 떠나셨구려.
앞으로 인사동에서 술을 마실 때마다
허허한 사막을 헤맬 때마다
그리워질게요.
새봄이 되어 신록이 피어오르면
앞머리에 슬쩍 스치듯 칠해놓았던
초록색 브리지가 떠오를게요.
그렇게 기억의 갈피에 형을 묻고
아쉽고도 아쉽게 형을 보내니
형(兄) 편히 쉬십시오.

머나 먼 우루무치

박찬 형에게

형. 우루무치는 지금 유혈이 낭자해. 말 그대로 '투쟁'의 도시가 되었어. 위구르인들의 가슴에 응어리가 터져 나온 게지. 충분히 예견했지만 간헐적 사건 소식이 외방(外邦)으로 터져 나오긴 했지만 이번 사태는 심각한 것 같아. 형이 수양딸로 들이겠다고 헛 약속해서 애먹이던 홀리데이 우루무치 호텔 로비 빠. 귀여운 위그루 아가씨 셸리도 무차별 총격으로 사망한 156명의 위구르 사람 속에 끼어 있을지 몰라.

무장경찰들의 무력 진압에 사람들은 길에서 피 흘리며 죽어 갔어. 남아 있는 사람들이 울부짖는 이리떼처럼 독립과 평화를 외치지만 메아리 없이 사라지겠지.

천산에 눈이 녹으면 다시 찾아오자던 머나먼 우루무치. 형, 초록색 브리지를 흩날리며 한 번 더 떠나지. 그 도시에 낭자한 핏자국이 지워지면, 푸른 목장 우루무치로. 거기서 눈썹이 푸른 낙타를 골라 타고 막막한 사막 타클라마칸 여행을 시작해 볼까?

물푸레나무가 된 사람

시인 신현정의 별세(別世) 1

별세란 문자 메시지를 받았다. 누군가 새가 되어
자유롭게 이승을 떠났다는 전언(傳言).
천둥 벼락과 강풍이 예견된 날이었다.

형이 떠난 그 나라는 시를 써도
발표할 시 잡지가 없는 나라였으면 좋겠다.
시집을 묶어 주는 출판사가
한 군데도 없는 나라였으면 좋겠다.
시를 쓰기만 하고 자기 가슴에 묻고 사는 나라.

형, 그 나라에 가서 곧바로 물푸레나무가 되라.
그래서 깡깡한 도끼 자루가 되라. 맘에 안 들면
모든 걸 직각으로 쪼개버려 타협하지 말고
용서하지 말고……

형, 잘 가라.
이제 시 안 쓰고도 영원히 살 수 있게 되었으니
그냥 그 나라에 가서 곧바로 물푸레나무가 되라

자기 깜냥만큼 머물다 가는 세상

시인 신현정의 별세(別世) 2

사람들은 생전에 자기 깜냥만큼 사람을 사귀고
자기 깜냥만큼 사람을 사랑하고
제몫으로 주어진 시간을 쓸 만큼 쓰고 간다.
그렇게 주어진 만큼만
그렇게 제 깜냥만큼만
오늘은 바람이 차고, 비가 온다.
그런 날을 골라 한 사내가
제몫의 삶을 거두고 떠났다.
그는 구름이거나 바람이었으리라
솔개 아니면 휘파람새였으리라
그가 잠시 놀다간 세상은
마치 아무 일도 없었다는 듯
비가 개고 맑은 달이 떠오를 것이다.
제 삶의 흔적을 홀연히 지우고 떠나간 자여
어제가 오늘과 별 다름없고
내일이 또 모레와 별 다름 없으리니
우리 또한 제 깜냥만큼만
이곳에 머무르리니……

명태

변훈의 가곡 명태는 추운 겨울 은발(銀髮)을 흩날리는 으 하하하하 오현명 선생님의 노래로 들어야 제맛이 난다. 한 해의 마지막 날. 오페라 갈라 콘서트 중에 불쑥 선생님의 추모 영상이 떴다.

(어느 해인가 당뇨로 몸이 수척해지신 선생님은 안심 스테이크 2인분을 거뜬히 끝내신 뒤. 시원한 캔 맥주 한 통이 생각난다 하셨다. 오페라 동명성왕. 고구려의 불꽃 극본 독회(讀會) 때였다.)

오늘, 한 해의 마지막 날. 선생님의 마지막 제자 베이스 김재찬 노래로 명태를 들으며 문득 은빛 캔 맥주 하나를 팍하고 터트리고 싶었다.

향기로운 장미 뿌리 파이프

憶趙炳華先生

나는 조병화 선생님께서 주신 향기로운 파이프 하나를 가지고 있다. 어느 해인가 곤지암 근처 낙원 농장에서 시협 야유회를 했는데 당신은 내게 호가 뭐냐 물으셨다. 못 연자 어조사 혜자입니다. 선생님은 바로 붓을 들어 당호 하나를 써주셨다. 연혜재(淵兮齋). 막상 당호를 받았지만 그 편액을 걸 집이 없었다. 전셋집을 전전하다가 마흔이 넘어 집을 구하고 당호를 붙였다. 그 이야기를 대학로 직장 근처 다방에서 드렸더니 하하 웃으시며 '내 덕에 집을 샀군' 하시며 다음 주 내가 근무하던 문예진흥원 사무실에 들러 '집들이 선물일세' 하시며 파이프 하나를 건네 주셨다. 그래서 나는 베레모와 파이프, 조병화 선생님의 상징 중에서 하나를 내가 지닐 수는 있었지만 그 어른처럼 모던하고 품위 있게 세상살이를 해 낼 수는 없었다. 환갑이 넘으면 어느 가을 선생님과 비슷한 베레모 하나를 구해 쓰고 파이프를 물고 안성 편운재(片雲齋)에나 한번 다녀와야겠다.

맥(貊)

김요섭 선생님과의 어색한 점심식사

김요섭 선생님 댁은 예술의 전당 아래 동네 아파트였다. 국정감사 직전 국회 문광위 위원장이던 서슬 퍼런 사모님과 관련된 업무 하나를 처리하기 위해 선생님 댁에 나는 로비 담당으로 특파 되었다. '김군 무슨 일이 있군' '네' 내 로비의 전부였다. 그날 점심은 배달시켜 먹은 비빔냉면 두 그릇. 유난히 면발이 질겼다. 나는 식사를 하며 선생님이 주도하여 번역한 생떽쥐베리의 어린왕자 이야기를 들먹이며 대화의 접점을 찾았다. 어린왕자와 사막 여우가 대화 중 때 아니게 튀어나와 어색한 점심식사 분위기를 풀어 주었다. '난 일할게 있어' 선생님은 다시 대화가 끊기자 붓을 들고 맥(貊). 불가사리. 쇠를 먹는 산해경의 동물. 그 알 듯 모를 듯한 암호를 날자로 쓰셨다. '가지고 온 것 놓고 가' 나는 서류봉투에 든 자료를 내려놓았다. '이걸 하나 줄 테니 가져가' 서화판(書畵板)에 적은 맥 한 마리를 내게 주었다. 나는 문화부에 증거 A로 불가사리 한 마리를 제출했고, 그해 가을 국정감사가 원만하게 끝나자 모모한 공로로 표창장(表彰狀)을 받았다. 사막 여우와 불가사리가 받아야 할 표창이었다.

『할단(鶡鴠)새』에 붙여

정현기(문학평론가, 세종대 초빙교수)

밤마다 할딱이는 새, 뒤척이는 시인

1. 드는 말

이 글은 김용범 시인의 시집 『할단새』에 붙이는 꼬리 글이다. 그런데 이 시집 제목부터 사람을 감질나게 한다. 할단새? 한자로 된 이 새 이름부터 사람을 기죽인다. 할단새! '할' 자는 아예 컴퓨터에 입력된 한문에도 나오지 않고 옛 민중서관 판 옥편에도 나오지 않는 글자이다. 도대체 이 시인은 독자들을 어떻게 알기에, 또 어떤 심통으로, 이따위 어려운 글자로 된 새 이름을 가지고 시집 제목에 떡하니 붙여놓았을까? 할 일 없이 직접 물어보니 껄껄대며 가로되; 새는 새란다. 밤중에 헐떡이는 새, 둥지가 없어 추위에 떨며 헐떡이며 우는 새이자 박쥐란다. 지구 어딘가 정말로 살아 있다는 야명조(夜鳴鳥)! 여기까지만 일단 이 새 이야기는 밝혀야 할 판이다. 이 새가 중국 자전에는 전설의 새라고 나와 있으니까! 그 새의 미욱하고 결단 없는 살이, 나날이 밤마다 후회로 울부짖는 꼴이, 꼭 나를 닮아 있다는 강렬한 느낌만 새기기로 하겠다. 그래서 이 시인은 일부러 그렇게 각주도 안 달았고 풀이도 안 했다는 거다. 그는, 뻔히 실패한 느낌으로 나날을 살아가는 우리, 그런 사람을 닮은 새 이름을 가지고, 자기도 뭔가 속에 숨겨 알고 있는 도저한 게 있다는 걸 내세우겠다는 거다. 엉큼하고도 엉뚱한 말꾼 시인! 누군가 독자가 그걸 물어야 자기도 할 말이 있다는 걸 보여 주겠단다. 속셈이 뚜렷하지만 퍽 해학적이다.

나는 지하철에서 책을 펼쳐 읽는 사람들의 표정을 가끔씩 본다. 대체로 요즘에는 영어로 된 책들을 펼쳐놓고 뭔가를 골똘히 읽는 것을 보며. 아하, 이제 이 나라도 서양 세계화 큰 바다에 묵직한 닻을 내렸나 보다, 생각하고는 한다. 가끔씩 나만 시집을 꺼내 들고 그것을 읽지만 내 표정관리는 영 시원치가 않다. 시집을 펴 읽는 사람들을 나는 거의 본 적이 없기 때문이다. 누군가와 비슷한 표정관리를 할 수만 있다면 그것 또한 그럴듯한 일이 아닐까? 그렇다면 시집 시들을 읽는 사람들의 표정은 어떠해야 할까? 눈살을 찌푸려 오만상을 누비면서 시를 읽어야 할까? 북유럽 사람들이 맞닥뜨린다는 겨울 날씨 탓에, 깊은 명상에 잠겨 시 한 줄 한 줄 그 속에 든 뜻을 찾아 고개를 갸웃거리며, 깊은 맛을 짓씹는 듯한 표정으로 읽어야 할까? 거창한 시 읽기 교본으로 서양 이 나라 저 나라 각종 이론은 다 끌어다가 시가 어쩌구 삶이 어쩌구 따위 그 많은 이론을 다 먹어 삼켜야 시를 읽을 수가 있는 걸까? 동서고금 시공간을 훌쩍훌쩍 뛰어넘는 날램이(슈퍼맨)가 되어 시 낱말 하나가 품은 뜻을 찾아 여기저기 앎의 갈피를 찾아 두리번거려야 제대로 시 맛을 알게 되는 것일까? 나 같은 먹물들이 가끔씩 빠지는 버릇으로, 은유가 어떻고 상징이 어떻고, 이리 재고 저리 재면서 갸우뚱갸우뚱 푸석돌 머리를 굴려가며 읽어야 할까? 내 생각으로 그런 읽기로 끌고 가는 시라면 산 밑을 지나가는 소낙비 소리, 그저 그런 시이겠거니 한다. 중얼중얼 홀로 지껄이는 먼산바라기들로 키워가는 도시란 일종의 자폐증 환자들을 수용하는 그런 수용소나 아닐 것인지! 남이야 알건 모르건 나는 여기 있는 것이니까!

아주 꽤 오래전, 서울 시내버스 속에서, 내가 겪은 이야기가 하나 있다. 좀 늦은 시각이었지만 마침 앉을 자리가 나서 앉은 다음, 나는 시집을 펴 읽고 있었다. 침침한 버스 불빛 아래에서 시집 읽기! 꽤 볼만한 풍경이었을 터이지만 뭐 꼭히 할 일도 생각할 거리도 없는 판에 글자가 좀 적은 시집을 펴든 꼴이었을 뿐이다. 누군가가 내 정수리를 꽤 깊게 들여다보는 느낌이 있었던가? 앞에 서서 나를 내려다보던 한 노신사가 내 어깨를 툭툭 친다. '그, 젊은이가 읽고 있는 책이 뭐

요?' '시집인데요.' '허어 시집이라!' '그거 읽을만한 거요?' '네 그럼요.' 어물거리는 말투로 대답을 하면서 나는 그를 빤히 올려다보았다. 그 눈빛 속에는 자리를 양보하라는 투의 단작스런 표정은 없었다. 요즘 젊은 애들이란! 어쩌구 중얼대면서 젊은 학생들 앞으로 지싯지싯 다가서는 겉늙은 사람들의 저 심란한 표정들은 그때나 이때나 바뀌지 않고 있다. 오직 나이 먹은 어른이라는 계급만 온몸에 짊어진 사람들, 저 참담한, 삶의 궁핍에 찌든 피로라니!

그러나 그 노신사의 표정은 퍽 밝았고, 또 버스 안에서 시집을 읽는 청년이, 퍽 안쓰럽거나 대견해 보인다는 눈빛이었다. 그는 지금의 내 나이 또래로 곱게 늙은 사람이었다. 아마 내가 법률 책이거나 영어로 된 따위의 책을 읽었다면 그가 나를 툭툭 치지는 않았을 것이다. 앞날의 판검사나 미국 박사학위를 가진 대학교수, 재벌 기업의 쟁쟁한 일꾼을 꿈꾸는 젊은이라면, 버스 속의 그 복잡하고 촉수 낮은 불빛 아래서, 마땅히 읽어야 할 책이란 뻔한 것일 수밖에 없다. 그런데 시집이라니~!

나는 언젠가 만나기만 하면 쌈박질로 이름을 내곤 하던 몇몇 문인들 이야기를 알고 있다. 김동리 선생의 초기 작품들 속에 보이는 장사(壯士)들의 이해할 수 없는 싸움 장면은 바로 이런 문인들의 몸부림과 아주 꼭 닮았다. 현대 시인이, 어딘가 써먹힐 수 없는 힘을 지닌, 헛장사의 터무니없는 힘쓰기와 어디가 다를까? 나는 장사의 힘쓰기를 자주 꿈꾸는 사람이다. 그래서 이 책 저 책들을 찾아 읽지만 나를 빙긋이 웃게 만드는, 헛장사의 시가, 그렇게 자주 나타나지 않는다. 하지만 그래도 나는 나를 즐겁게 웃길 시를 찾아 눈길로 서성거리거나 두리번거린다. 그리고 나는 버스 안에서 책을 읽다가 깔깔대며 웃은 적도 드물긴 하지만 몇 차례 있었다. 김영승의 시집, 『반성』이었나? 그의 시들을 읽으면서 내가 버스 속에서 아주 즐겁게 웃은 경우도 그 가운데 하나였다. 통쾌하게 자기를 둘러싼 세상의 더러운 꼴값들을 비웃거나, 자신이 저지르는 실수와 잘못됨, 그런 이야기들을 스스로 다 들어냄으로써, 남을 웃기는 말투를 교묘하게 잘 써놓은 시인들의 시를 읽으면 정말 기분이 좋아진다. 그걸 나는 시의 아주 좋은, 쓸데 많은, 양분이라고 생각한다.

2. 김용범의 시 이야기

김용범의 시는 우선 읽기가 퍽 편하다. 시집 제목에 붙인 『할단새』만은 좀 빼고 말이다. 그의 시는 길이도

길며, 그러니까 저절로 말도 많고, 우리가 모르는 아주 많은 앎의 무게가 퍽 묵직하다. 그렇지만 읽기에는 아주 즐겁고 또 시원시원하다. 「호랑이 수염」을 가지고 이 시인 이야기를 먼저 하고 싶지만 좀 긴 산문 투 이야기 시여서 여기에 다 옮기지는 않겠다. 그러니 그것은 조금 뒤로 미루기로 한다. 이제 좀 짧은 그의 시 한 편부터 내세워, 시집 꼬리말 이야기에 덧붙여 말을 시작해 볼 생각이다.

「칩거기(蟄居期)의 안개와 바람 13」에다가 부제로 '섬, 너울, 바람'이라 붙인 다음과 같은 시가 있다. 옮겨 보이면 이렇다.

섬 속에 나를 가두고 그렇게 한 몇 년
정주하고 싶다. 사람들이 절망이라 부르는
바다에 오도 가도 못하고 갇혀
정말 오도 가도 못하고 살고 싶다.
낮이면 파도에 퍼렇게 멍든 바위 위에서
혼자 꺼이꺼이 울다 지쳐 죽음보다
깊은 낮잠을 자고 싶다.

그 섬의 너울과 바람에 흔들리며
섬에 갇혀 사흘 낮 사흘 밤을

토하고 또 토하며
바다 위의 섬에 갇혀 너울처럼 일렁이며

어떤 독자에게 이 시는 울컥 화를 돋을 그런 시건방 떪으로 보일지도 모른다. 누구 염장 지를 일 있나? 죄 없이 누군가에게 끌려가 잔뜩 두들겨 맞고 나와 똥물을 들이켜고 있으나, 살 길은 막막하여 시름없이 누워 있는 사람에게, 이런 이야기는 건방지기 짝이 없을 수도 있다. 그러나 이건 어디까지나 시다. 이런 시는 이 시인을 알게 하는 여러 재미있는 말장난질을 퍽 맛깔스럽게 하는 시 가운데 하나일 뿐이다. 1960년도였나? 시인 김지하가 60년대 이후 한국 사회가 굴려갈 꼴 새를 정확하게 비웃었던 『오적』을 써서, 군사독재 정권 패들과 거기 붙어 떼돈을 긁어모으던 패, 그런 짓들을 도와주던 정부 각 부처 패들, 그리고 그 정권을 돕던 정치군인 패들을 놀라게 하였던 적이 있었는데, 이 시는 그 시 앞머리에 나오는 시 주인공 '꾀수'의 말투를 퍽 닮아있다. 볼기짝에 불이 확확 나도록 맞고 싶다던 그 '꾀수' 말마따나 그 시인은 진짜 징역 생활로 고생깨나 하였는데 김용범 이 시인이 이따위 말투로 사람들을 웃긴다. 진짜 그런 고통이나 외로움과 슬픔은 그렇게 바란다고 해서 이루어지는 것만도 아니다. 하지만 이 절절한 고백에는 뭔가 사람을 울렁이게 하는 말 비틀기가 있어 보인다. 위 시 제목 얘기에서 조금 밝혔듯이, 자기도 뭔가 남 앞에서 중요한 꼴값을 지니고 있다는 걸 보여주기 위해, 그나 나나 가진 치장이나 허풍을 떨곤 한다. 그런데 이 허풍이 얼마나 스스로도 놀라운 허세인지를 풍선 바람 빠지듯이 확인하는 「호랑이 수염」이라는 이야기 시가 있다. 이야기 시! 다 옮기는 일을 접고 그 이야기 뼈대만 보이기로 한다. 이 시는 재미있는 이야기로 되어 있다.

첫 연의 시작은 이렇다.

어[敔]라는 악기가 있다. 백호(白虎)가 웅크린 형태로 나무를 깎고 등에 스물일곱 개 톱니를 세운, 음악의 끝을 알리는 중요한 악기. 웅크리고 있는 백호. 아홉 조각으로 갈라진 채, '진죽'으로 호랑이의 대가리를 딱.딱.딱. 세번 치고 등을 주르륵 한번 훑어내려 긁는 것을 모두 세 번. 그러면 음악 끝. 문제는 소리다, 채가 스물일곱 개의 갈기를 지나면 듣기 민망하게 '찰찰찰'거리는 소리를 낸다. 그 소리를 듣는 순간 당당한 백호의 위엄이 여지없이 무너진다.

이 이야기 다음에는 하얼빈을 여행 가서 송화강 북

쪽 어디에 백두산 호랑이 800여 마리가 반 야생 상태로 살고 있는 동물원 이야기가 이어진다. 호랑이 동물원에서의 놀라운 겪음 이야기이다. 소 한 마리를 울안에 집어넣자 순식간에 먹어 치우는 장면을 보고, 시 주인공은, 이 호랑이의 위엄이 어디로부터 나오는가를 살핀 결과 그게 분명 호랑이 수염이라는 것을 알았다고 했다. 그리고 그는 호랑이 수염자리를 이렇게 읊어 놓았다.

결론은 수염. 호수(虎鬚)였다. 호랑이의 수염은 열 개의 털이 한 줄씩, 다섯줄이 나있는데, 중간 줄의 수염이 가장 길다. 특히 중간 줄의 일곱 번째 수염이 제일 굵고 길다. 참으로 위엄이 있다. 그래서 조선시대 무관들의 모자인 전립은 용맹과 위엄을 보이기 위해 호랑이 수염을 꽂아 만든 호전립(虎戰笠)을 썼던 것. 용맹함의 상징 호수(虎鬚)여

이래 놓고 그는 끝 연에다가, 그렇게 호랑이를 본 경험으로, 뭔가를 노리고 콧수염을 기르기 시작하였다고 했다. 게다가 그의 이름조차 용범이 아닌가! 용과 호랑이라는 뜻, 그런 이름 장난이 그를 용약매진하게 하였을 법한, 다음 이야기의 뒷 구절을 보자!

위엄과 용맹을 스스로 드러내기 위해 일부러 기르는 콧수염. 그런데 오랜만에 학생들을 인솔하고 백두산에 오르려 준비하던 아침 나는 문득 면경(面鏡)에 비친 내 모습을 보았다. 앗, 어[敌]였다. 면경 속에는 초라한 중늙은이 하나가 허연 콧수염을 드러내고 찰.찰.찰. 거리며 겸연쩍게 웃고 있었다.

시인은 대체로 이렇게 자기를 세상 앞에 내어놓을 줄 아는 사람이다. 시인은 가끔씩 사람을 웃기기도 하고 울게도 하며 아프게도 한다. 그의 시는 이렇게 사람을 웃기면서 뭔가를 알리려는 뜻을 품고 지어낸 이야기들이 많다. 그래서 배울 것 또한 아주 많아 보인다.

3. 나가는 몇 마디 말

우선 그의 시집은, 『나는 꿈꾸는 새다』는 제목의 내 시집 제목 비슷하게도 '새'로 끝이 나서, 이건 뭔가 좀 수상쩍다고 생각하여 놀랐는데다가 밤마다 울며 할딱인다는 이 할단새 얘기가 하도 재미있어서 또 한 번 놀랐다. 그래서 나도 이야기 틈만 나면 이 할단새 이야기를 남들에게 전한다. 그런데도 이 시집 꼬리말에서 그 할단새의 진짜 알맹이 이야기는 빼놓았다. 전설의 새라는 것이니, 진짜 있을 법하기도 하고 게다가 기막힌 이야기까지 품고 사는 새이니, 그 꼴값조차도 퍽 내 마음에는 들었다. 나는 그의 아흔아홉 편의 시들을 모두 풀이하는 꼬리말로 이 글을 쓴 것은 아니었다. 그의 시들 속에는 그의 삶이 저절로 녹아 있어 시마다 읽는 재미가 보통이 아니다. 뭔가 그는 삶을 이야기 하려고 한다. 정말 잘 사는 삶이 어떤 것인지 자주 물으면서 그는 대나무나 다른 물상들을 앞에 불러 놓고 바르며 곧게 사는 삶을 꾸준히 이야기하며 노래 부른다. 게다가 그는 정말 잘 사는 문제를 놓고, 밤마다 뒤척이며 스스로 묻고 또 묻는, 자기 물음 끝이 깊고 꽤 넓다. 이렇게 자아 나를 묻고 삶을 묻는 뒤척임으로, 끝없이 이어지는 내용이, 곧 그의 시들을 엮는 알맹이라고 나는 읽는다. 나는 나이되 나됨으로 나아가는 길은 결코 만만하지만은 않다. 어쩌면 나와 너무나 닮은 이 할단새가, 바로 이 시인 김용범 자신이라고, 주장하는 것이나 아닌지 모르겠다. 사실 그런 내 예상이 맞는다면 그는 꽤 멋쟁이 시인임에 틀림없다.

이 시집은 분명 아주 많은 사람들이 읽으면서 껄껄거려 웃게 하거나 기쁜 재미를 줄 것이다. 솔직한 내 느낌으로, 약간의 샘조차, 나는 품고 있다. 하지만, 그래도 내 어리석은 마음은 스스로 추스르면서, 이렇게 내는 그의 시집이 무덥고도 한심한 이 세상에 뭔가 한줄기 시원한 바람이라도 되어 펄펄 살아 날기를 바란다는 마음도 없는다. 그래서 이 시집 출간에 대한 내 축하 인사는 진짜다!

2010년 8월 15일